アンニョン　ハシムニカ
안녕하십니까? からはじめる

韓国語がおどろくほど身につく本

Chizuko Hando
阪堂千津子 著

あさ出版

はじめに

もっとも身近な外国を、体感してみましょう！

アンニョンハセヨ！ この本を手にとったみなさん、みなさんはどうして韓国語を勉強しようと思ったのでしょうか？

韓国の歌を歌いたい、韓流ドラマを字幕なしで見たい、韓国に個人旅行をしてみたい、恋人が韓国人だから……いろいろな目的で韓国語を学んでみたいという方が増えています。私が市民講座で韓国語を教え始めて10年以上たちましたが、以前に比べそのニーズは多様化しています。

韓国語は日本語にもっとも近い言葉です。まず語順がほぼ同じです。また、「てにをは」などの助詞があり、動詞や形容詞などは文末にくるし、文末で語尾が活用してニュアンスが変わるという特徴まで一緒です。漢字から由来している単語も多く、日本語と似ている表現も少なくありません。

ただし、そうはいっても外国語ですので、日本語にはない発音、単語、表現もたくさんあります。何といっても文字（韓国語の文字を「ハングル」といいます）が違います。

しかし、この文字は15世紀に漢字を読めない人を対象に、わかりやすく合理的につくられた文字ですから、少し勉強すれば簡単に読めるようになります。

そこでまず、日本語の発音体系を手がかりに文字と発音を学習していきましょう。日本語にない発音もありますので、CDをよく聞いてくりかえし口に出して言ってみてください。

そしてさっそく、フレーズをたくさん学んでいきましょう。練習するうちに、韓国語のリズムや言い回しがなんとなくわかってくると思います。

１つひとつ分解してみると、その構造が意外に日本語と似ています。手引きとして、簡単な解説を右ページに載せておきました。参考にしてください。
　さらに、「ちょっとだけ文法」で、韓国語の文法知識を深めましょう。第１～第４章までのフレーズを勉強したら、総まとめとしての第５章にチャレンジしてみましょう。スラスラ言えるようになるまで暗記するのがポイントです。

　韓国はすぐ隣の国です。ぜひ、訪れてみてください。本書には韓国に行ってすぐに使えそうなフレーズばかりを掲載したので、ぜひとも実際に使って通じるかどうかチャレンジしてみてください。
　みなさんがこの本をとおして、韓国との楽しい出会いが実現できればうれしいです。

2012年４月　　著者

本書の構成

プロローグ

ハングルのしくみと発音を、ひととおり学びます。

第1章

"丸暗記しておけば韓国語でコミュニケーションをとるのがぐんと楽しくなる"という10個の基本表現を集めました。出てくるのは、「あいさつ」「お礼」「お詫びの言葉」と、買い物で使う「いくら？」だけ。この部分だけ読んでも、ある程度のコミュニケーションはとれるようになります。

また、基本的な文法についても説明しています。

第2章

自分をわかってもらうための５つの表現をまとめました。「自分の気持ち」「希望」「予定」などを伝えられるようになります。

第3章

相手にたずねる表現を10個まとめました。「どこで？」「いつ？」などの質問の仕方を押さえます。

第4章

会話をスムーズにする表現です。日常のさまざまな場面で耳にする、生きた表現を５つ厳選しました。万一のトラブルが発生したときに使える表現もあります。

第5章

今まで出てきた30の表現が、実際の場面でどのように使われているかを確認します。イラストの吹き出しを見て、韓国語がすぐ出てくるように練習してみましょう！

本書は最初から順に読んでいく必要はありません。目次を見て、使いたい表現を見つけたら、そのページにジャンプしてください。

本書の使い方

30の基本表現で会話の基礎を押さえる

各項目のタイトルになっているのは、厳選した30の基本表現。まずは、これを暗記しましょう。この30の表現が、会話する力をぐんと高めます。

バリエーションで応用力を身につける

基本表現のバリエーションを４～６つ取り上げています。応用力をアップさせます。

基本をマスター！

基本と応用で出てきた語句の説明です。気楽に流し読みしてください。

ちょっとだけ文法

基礎文法のチェック。面倒なら、とばしてもかまいません。

使ってみよう！

習った表現を使って会話を実践してみましょう。

単語帳

「使ってみよう！」の会話中の｛　｝を、＜単語帳＞のワードやフレーズと入れ替えてみましょう。それだけで複数の表現ができるようになり、はめこむだけで表現力がアップします。

ほかにも、覚えておきたい単語を見やすい形でまとめてあります。

表現をふやそう！

よく使われる、基本表現と異なる言い回しなどをまとめてあります。

本書はあくまで韓国語学習初心者を対象としています。必要最低限の要素で、言いたいことを表現できるよう努めました。文法用語はなるべく使わないようにしてあります。物足りないと感じる方もいらっしゃるかもしれません。本書を踏み台にして、さらにステップアップしていただきたいと思います。

プロローグ
まずは、ハングルと発音をマスターしよう！

第 1 章
基本の10表現

第 2 章

自分をわかってもらうための表現

第 3 章

相手にたずねる表現

表現 17 CD52 ～ 53　場所をたずねる
– 가 / 이 어디예요 ?（～はどこですか？）…… 98

表現 18 CD54 ～ 55　有無をたずねる
– 있어요 ?（～ありますか？／いますか？）…… 104

表現 19 CD56 ～ 57　どれかをたずねる
어느（どの～）…… 108

表現 20 CD58 ～ 59　手段をたずねる
어떻게（どうやって）…… 112

表現 21 CD60 ～ 61　所要時間・料金を表す
얼마예요 ?（いくらですか？）…… 116

表現 22 CD62 ～ 64　所有をたずねる
– 거예요 ?（～のものですか？）…… 120

表現 23 CD65 ～ 66　依頼をする
– 아 / 어 주시겠어요 ?（～してくださいますか？）…… 124

表現 24 CD67 ～ 68　許可を求める
– 아 / 어도 돼요 ?（～(し)てもいいですか？）…… 128

表現 25 CD69 ～ 70　時間をたずねる
지금 몇 시예요 ?（いま、何時ですか？）…… 132

第 4 章
会話をスムーズにする表現

表現 26 CD71 ～ 72　曜日・日にちを言う
오늘 며칠이에요 ?（今日は何日ですか？）…… 138

表現 27 CD73 ～ 74　聞き返す
다시 한번 말씀해 주세요.（もう一度、お願いします。）…… 142

第5章
すぐに使える！　場面別会話

景福宮（キョンボックン）

1395年に建てられた、韓国で最古の王宮。

プロローグ

まずは、ハングルと発音をマスターしよう！

（1）ハングルの母音

（2）ハングルの子音

（3）発音のコツ

(1)ハングルの母音

CD 2

1　「あいうえお」(単母音)

日本語の「あいうえお」にあたる基本的な母音を覚えましょう。

①	ㅏ	**ア [a]**	日本語の「あ」とほぼ同じ。
②	ㅣ	**イ [i]**	日本語の「い」とほぼ同じ。
③	ㅜ	**ウ [u]**	唇を丸めて「ウ」。
④	ㅡ	**ウ [ɯ]**	唇を横に引いて「ウ」。
⑤	ㅔ	**エ [e]**	日本語の「え」とほぼ同じ。
⑥	ㅐ	**エ [ɛ]**	日本語の「え」よりも少し口を大きく開ける。
⑦	ㅗ	**オ [o]**	唇を丸めて「オ」。
⑧	ㅓ	**オ [ɔ]**	唇を大きく開けて「オ」。

2 「ヤ」行

単母音にたて棒もしくは横棒が1本ずつ加わると「ヤ」行になります。

① ㅑ **ヤ [ja]** 日本語の「や」とほぼ同じ。

② ㅠ **ユ [ju]** 唇を丸めて「ユ」。

③ ㅖ **イェ [je]** 「イ」と「エ」をほぼ同時に発音する感じで、「イェ」と発音します。

④ ㅒ **イェ [jɛ]** 上の「ㅖイェ」よりも少し口を大きく開ける。

⑤ ㅛ **ヨ [jo]** 唇を丸めて「ヨ」。

⑥ ㅕ **ヨ [jɔ]** 唇を大きく開けて「ヨ」。

例

오이（オイ） きゅうり　**여우**（ヨウ） 女優　**여유**（ヨユ） 余裕　**요**（ヨ） 敷布団

CD 3

3 「ワ」行と「의（ウィ）」

CD 4

① 「오（オ）」ではじまる「ワ行」の母音

まず唇を丸めて口の形をつくってから、それぞれの母音を出すつもりで発音します。

오 唇を丸める	+	ㅏ	→	와 [wa ワ]
		ㅐ		왜 [we ウェ]
		ㅣ		외 [we ウェ] ＊[オィ] にはなりません

例

사과（ザグァ） リンゴ　　돼지（トェジ） ぶた　　회사（フェサ） 会社

② 「우（ウ）」で始まる「ワ行」の母音

まず唇を丸めて口の形をつくってから、それぞれの母音を出すつもりで発音します。

우 唇を丸める	+	ㅓ	→	워 [wo ウォ] 唇を丸めてから「ウォ」
		ㅔ		웨 [we ウェ] 唇を丸めてから「ウェ」
		ㅣ		위 [wi ウィ] 唇を丸めてから「ウィ」

例

타워（タウォ） タワー　　언더웨어（オンドウェオ） アンダーウェア　　위（ウィ） 上

③ 3つの読み方がある「의（ウィ）」

ㅡ 唇を横に 軽く引く	+	ㅣ	→	의	[wi ウィ] 語句の最初
					[i イ] 2番目以降のとき、 子音と一緒にあらわれるとき
					[e エ] 助詞「～の」のとき

例

의사（ウィサ）　医者　　회의（フェイ）　会議　　기호의 의미（キホエ ウィミ）　記号の意味

column

発音をその場で直す韓国人

韓国人の中には、外国人が韓国語を話すとき、発音が間違っていると会話の途中でも「発音が違う」と訂正を入れてくる人もいます。

たとえば「キムチ」は日本語だと「キ・ム・チ」というように、3つの音を1つずつはっきりと声に出しますが、ネイティブは「キム」の「ム」は音に出さずに唇を軽く閉じるだけで、「キム・チ」と2拍のリズムで発音します（「ム」の部分の発音については、20ページの「パッチム」で説明します）。

発音の違いを指摘されて「正しい発音を教えてくれてうれしい」と思う人と、「外国語を一生懸命話しているのだから、いちいち訂正しなくても……」と感じる人もいるでしょう。

しかし、悪気があって言っているわけではないので、「韓国人は指摘をしてくれる人たち」という心構えで、会話にチャレンジしてみるのがコツです。

(2)ハングルの子音

CD 5

1　韓国語の「あかさたな」(平音)

この順番は韓国語の辞書に出てくる順番です。

① ㄱ **[k / g]**　「カ」行、語中では「ガ」行になる。

② ㄴ **[n]**　「ナ」行。

③ ㄷ **[t / d]**　「タ」行、語中では「ダ」行になる。

④ ㄹ **[r]**　「ラ」行。

⑤ ㅁ **[m]**　「マ」行。

⑥ ㅂ **[p / b]**　「パ」行、語中では「バ」行になる。

⑦ ㅅ **[s / ʃ]**　「サ」行。

⑧ ㅈ **[tʃ / dʒ]**　「チャ」行、語中では「ジャ」行になることも。
形がカタカナの「ス」に似てるのでサ行と勘違いしやすい。

⑨ ㅎ **[h / ɦ]**　「ハ」行。

例

나무(ナム)　木　　**다리**(タリ)　橋　　**버스**(ポス)　バス　　**지하**(チハ)　地下

2　つまる音（濃音）

平音が2つ並ぶとつまる音（濃音）を表します。息をなるべく出さないようにしましょう。「うっ」と息をとめて喉を緊張させ、声だけ出すように発音します。

〈母音アをつけて練習するときのコツ〉

① **ㄲ** **[ˀk]**　「おっか〜」の「っか」だけを発音する感じ。
カラスが「っかあ〜」と声高く鳴く感じ。

② **ㄸ** **[ˀt]**　「まったり」の「ったり」だけを発音する感じ。

③ **ㅃ** **[ˀp]**　唇を閉じて、息を出さないようにしてから、
「りっぱ」の「っぱ」だけを発音する感じ。

④ **ㅉ** **[ˀtʃ]**　のどの奥に力を入れて「うっちゃり」の「っちゃり」を発音する感じで。

⑤ **ㅆ** **[ˀs, ˀʃ]**　「あっさり」の「っさり」だけを発音する。

濃音は語中でも決して濁音になりません。

例

까치（ッカチ）　かささぎ　　**또 다시**（ット　ダ シ）　もう一度

오빠（オッパ）　お兄さん　　**가짜**（カッチャ）　にせもの　　**싸다**（ッサダ）　安い

3　勢いよく息を吐き出す音(激音)

平音にたて棒や横棒、点などが加わると激音を表します。激音は息を勢いよく吐いて発音しましょう。

① **ㅋ** **[k^h]**　「ㄱ カ行」よりも息をたくさん出す感じ。

② **ㅌ** **[t^h]**　「ㄷ タ行」よりも息をたくさん出す感じ。

③ **ㅍ** **[p^h]**　「ㅂ パ行」よりも息をたくさん出す感じ。

④ **ㅊ** **[$tʃ^h$]**　「ㅈ チャ行」よりも息をたくさん出す感じ。

激音は語中でも決して濁音になりません。

例

카드(カドゥ)　カード　**노트**(ノトゥ)　ノート　**피자**(ピジャ)　ピザ　**치마**(チマ)　スカート

CD 7

カナダラ表の見方

母音 ＼ 子音	ㅏ [a]
ㄷ [t・d]	다 [タ・ダ]

カナダラ表（反切表）は、母音と子音の組み合わせを表しています。たとえば、母音「ㅏ (a)」と子音「ㄷ (t・d)」が組み合わされば、「다 (タ・ダ)」になります。

カナダラ表

母音

子音

	ㅏ a	ㅑ ja	ㅓ ɔ	ㅕ jɔ	ㅗ o	ㅛ jo	ㅜ u	ㅠ ju	ㅡ ɯ	ㅣ i
ㄱ [k/g]	가 カ	갸 キャ	거 コ	겨 キョ	고 コ	교 キョ	구 ク	규 キュ	그 ク	기 キ
ㄴ [n]	나 ナ	냐 ニャ	너 ノ	녀 ニョ	노 ノ	뇨 ニョ	누 ヌ	뉴 ニュ	느 ヌ	니 ニ
ㄷ [t/d]	다 タ	댜 ティャ	더 ト	뎌 ティョ	도 ト	됴 ティョ	두 トゥ	듀 ティュ	드 トゥ	디 ティ
ㄹ [r]	라 ラ	랴 リャ	러 ロ	려 リョ	로 ロ	료 リョ	루 ル	류 リュ	르 ル	리 リ
ㅁ [m]	마 マ	먀 ミャ	머 モ	며 ミョ	모 モ	묘 ミョ	무 ム	뮤 ミュ	므 ム	미 ミ
ㅂ [p/b]	바 パ	뱌 ピャ	버 ポ	벼 ピョ	보 ポ	뵤 ピョ	부 プ	뷰 ピュ	브 プ	비 ピ
ㅅ [s/ʃ]	사 サ	샤 シャ	서 ソ	셔 ショ	소 ソ	쇼 ショ	수 ス	슈 シュ	스 ス	시 シ
ㅇ [無音]	아 ア	야 ヤ	어 オ	여 ヨ	오 オ	요 ヨ	우 ウ	유 ユ	으 ウ	이 イ
ㅈ [tʃ/dʒ]	자 チャ	쟈 チャ	저 チョ	져 チョ	조 チョ	죠 チョ	주 チュ	쥬 チュ	즈 チュ	지 チ
ㅊ [$tʃ^h$]	차 チャ	챠 チャ	처 チョ	쳐 チョ	초 チョ	쵸 チョ	추 チュ	츄 チュ	츠 チュ	치 チ
ㅋ [k^h]	카 カ	캬 キャ	커 コ	켜 キョ	코 コ	쿄 キョ	쿠 ク	큐 キュ	크 ク	키 キ
ㅌ [t^h]	타 タ	탸 ティャ	터 ト	텨 ティョ	토 ト	툐 ティョ	투 トゥ	튜 ティュ	트 トゥ	티 ティ
ㅍ [p^h]	바 パ	퍄 ピャ	퍼 ポ	펴 ピョ	포 ポ	표 ピョ	푸 プ	퓨 ピュ	프 プ	피 ピ
ㅎ [h/ɦ]	하 ハ	햐 ヒャ	허 ホ	혀 ヒョ	호 ホ	효 ヒョ	후 フ	휴 ヒュ	흐 フ	히 ヒ
ㄲ [$^?k$]	까 ッカ	꺄 ッキャ	꺼 ッコ	껴 ッキョ	꼬 ッコ	꾜 ッキョ	꾸 ック	뀨 ッキュ	끄 ック	끼 ッキ
ㄸ [$^?t$]	따 ッタ	땨 ッティャ	떠 ット	뗘 ッティョ	또 ット	뚀 ッティョ	뚜 ットゥ	뜌 ッティュ	뜨 ットゥ	띠 ッティ
ㅃ [$^?p$]	빠 ッパ	뺘 ッピャ	뻐 ッポ	뼈 ッピョ	뽀 ッポ	뾰 ッピョ	뿌 ップ	쀼 ッピュ	쁘 ップ	삐 ッピ
ㅆ [$^?s$/$^?ʃ$]	싸 ッサ	쌰 ッシャ	써 ッソ	쎠 ッショ	쏘 ッソ	쑈 ッショ	쑤 ッス	쓔 ッシュ	쓰 ッス	씨 ッシ
ㅉ [$^?tʃ$]	짜 ッチャ	쨔 ッチャ	쩌 ッチョ	쪄 ッチョ	쪼 ッチョ	쬬 ッチョ	쭈 ッチュ	쮸 ッチュ	쯔 ッチュ	찌 ッチ

4　パッチム

CD 8

下段の位置に子音がくるとパッチムとして発音されます。
パッチムの発音では、母音を添加しないように気をつけましょう。

パッチムとは！？

下段にくる子音のパーツがパッチムです。

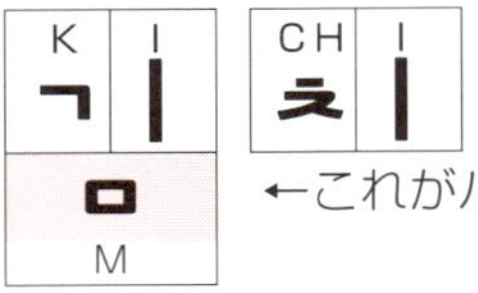

김치　キムチ

←これがパッチム！

① **響くパッチム　　音が残って響くパッチムの仲間**
（CDでは**아**をつけて読んでいます）

① **ㄴ [n]**　舌を上歯ぐきの内側にぴたりとつける。

② **ㅇ [ŋ]**　舌先はどこにもつかない。口は開いたまま。

③ **ㅁ [m]**　口をきちんと閉じることを意識すること！
「さんま」の「ま」をいう直前の口の形。

④ **ㄹ [l]**　舌に力を入れないで上歯ぐきの奥に舌先をつける。

例

눈（ヌン）目　**방**（パン）部屋　**김**（キム）のり　**발**（パル）足

② 消えるパッチム　音がすぐに消える、もしくははっきりと聞こえないパッチムの仲間

① **ㄱ** **[-k]**　（同じ発音をするもの；ㄱ ㅋ ㄲ）
舌の奥でのどをふさぐ感じ。k の音は外に出さない。
「がっかり」の「っ」（「か」を言う直前の口の形）。

② **ㄷ** **[-t]**　（同じ発音をするもの；ㄷ ㅌ ㅅ ㅆ ㅈ ㅊ ㅎ）
舌先をぴたっと上歯茎につける。
t の音は外に出さない。「バッタ」の「ッ」（「タ」を言う直前の口の形）。

③ **ㅂ** **[-p]**　（同じ発音をするもの；ㅂ ㅍ）
口を素早く閉じて、息をもらさないようにする。
[p] の音は外に出さない。
「かっぱ」の「っ」（「ぱ」をいう直前の口の形）。

例

입（イプ）口　**앞**（アプ）前　**옷**（オッ）服　**낮**（ナッ）昼　**꽃**（ッコッ）花　**책**（チェク）本

ロッテリアの看板。「ラ」行の로の下段にㅅがついてパッチムとして発音され、「ロッ」になる。

（3）発音のコツ

CD 9

●連音化

パッチムの次に母音（ㅇ）がくると、パッチムの音は「ㅇ」の位置（=右上）にスライドして発音されます。

음악 [으막] ウマク　音楽

ㄱㄷㅂㅈパッチムがスライドすると、濁る音になります。

한국어 [한구거] ハングゴ　韓国語

●ㅎの弱化または無音化

ㅎは前にㄴㄹㅁㅇパッチムがくると弱くなり､読まれない場合もあります。

은행 [은앵 → 으냉] ウネン　銀行

안녕하세요? [안녕아세요] アンニョンアセヨ　こんにちは

ㅎは後に母音（ㅇ）がくると読まれません。

좋아요 [조아요] チョアヨ　良いです

ㄱㄷㅂㅈは前後にくるものによって有声音化、激音化、濃音化します。

●有声音化

母音とㄴㄹㅁㅇのあとのㄱㄷㅂㅈは、濁音(有声音)になります。

지짐이 [チヂミ] チヂミ　**불고기 [プルゴギ]** プルコギ

갈비 [カルビ] カルビ

●激音化

ㅎの前後のㄱㄷㅂㅈは, 激音化してㅋㅌㅍㅊになります。

백화점 [배콰점] ペクァチョム　百貨店　**입화 [이퐈]** イプェ　入会

●濃音化

消えるパッチムの後のㄱㄷㅂㅈとㅅは、濃音化してㄲㄸㅃㅉㅆになります。

식당 [식땅] シクタン　食堂　**첫사랑 [첟싸랑]** チョッサラン　初恋

●鼻音化

消えるパッチム ［ -ᵏ ］［ -ᵗ ］［ -ᵖ ］の後ろに ㄴ または ㅁ がくると鼻音化してそれぞれ ［ㅇ］［ㄴ］［ㅁ］になります。

ㄱ（ㄱㅋㄲなど）	+	ㄴ / ㅁ	→	ㅇ	〈ㄱ → ㅇ〉
ㄷ（ㄷㅌㅅㅆㅈㅊㅎなど）	+		→	ㄴ	〈ㄷ → ㄴ〉
ㅂ（ㅂㅍなど）	+		→	ㅁ	〈ㅂ → ㅁ〉

거짓말 [거진말] コジンマル　うそ　　**국물 [궁물]** クンムル　スープ

● ㄹ ↔ ㄴ

隣り合うㄹとㄴは ㄹㄹ に発音されます（ㄴㄴになることもあり）。

설날 [설랄] ソルラル　元旦　　**신라호텔 [실라호텔]** シルラホテル　新羅ホテル

参考

＊ ㄴㄹ以外の後のㄹはㄴになります（ㄹの鼻音化）。
例）**대통령 [대통녕]** テトンニョン　大統領

●口蓋音化

ㄷの後ろに**이**がくると［지］、ㅌの後ろに**이**がくると［치］になります。

맏이 [마지] マジ　長男、長女　　**같이 [가치]** カチ　一緒に

● ㄴ挿入（ㄴ添加）

合成語や複合語の中の意味の境界で、前の単語末にパッチムがあり、後ろの単語が**이**や**야**行で始まるときにㄴが挿入されます。

한국 요리 [한궁뇨리] ハングンニョリ　韓国料理（한국　韓国 / 요리　料理）

＊ ㅇがㄴになる場合もあります。
例）**십육** [심뉵] シムニュク 16

십육は合成語（10+6）、**유**（ヤ行）なのでㄴが挿入され（ㄴ挿入）；[십뉵]、
さらにㅂとㄴなのでㅂ→ㅁ（鼻音化）；[심뉵]。

仁川（インチョン）空港からAREX乗り場へ

国際空港協議会（ＡＣＩ）の定める「世界最高空港」に７年連続で選ばれているほか、ドラマのロケにも数多く使われている。

第 1 章

基本の10表現

表現1 出会いのあいさつ

表現2 別れのあいさつ

表現3 お礼を言う

表現4 お詫びの言葉

表現5 近況をたずねる

表現6 返事の言葉

表現7 自己紹介・私は～です。

表現8 呼びかけの表現

表現9 値段をたずねる

表現10 数を数える

表現 1

出会いのあいさつ

CD 10

アンニョンハシムニカ
안녕하십니까？
こんにちは。

---

1 アンニョンハシムニカ
안녕하십니까？
こんにちは。／おはようございます。／こんばんは。

---

2 アンニョンハセヨ
안녕하세요？
こんにちは。／おはようございます。／こんばんは。

---

3 アンニョン
안녕？ おはよう。／こんちは。／やあ。

---

4 チョウン アッチム
좋은 아침！ おはよう！

発音ワンポイント

消えゆく「ハ」

アンニョンハセヨに出てくる「ハ」は、現代韓国語ではほとんど発音されません（→P.22）。

概して、韓国語では語中の「ハ」行は弱化もしくは無音化して、発音されない傾向にあります。聞いていると「アンニョンアセヨ」と聞こえたりするのはそのためです。

基本をマスター

❶ 안녕하십니까？
こんにちは。／おはようございます。／こんばんは。

場合によっては「はじめまして」の意味にもなります。십니까（シムニカ）は尊敬＋丁寧を意味する文体で、もっとも丁寧な表現です。やや硬いニュアンスなので、初めて会う相手や公式の場所でのあいさつなどに使う表現です。成人男性なら、取引先にはこのようにあいさつしましょう。初対面の相手には「はじめまして」の意味にもなります。

❷ 안녕하세요？
こんにちは。／おはようございます。／こんばんは。

敬語ですが、ややくだけた感じのする表現です。相手が同じ年でも、成人になってから知り合った相手や、年下の相手でもそれほど親しくないときには、まずはこの「ヘヨ」体を使いましょう。初対面の相手には「はじめまして」の意味でも使われます。

❸ 안녕？　おはよう。／こんちは。／やあ。

同い年や年下の、ある程度親しくなった相手に対して使えます。

高校生同士なら、初対面でもこの「요（ヨ）」のないパンマルから始めてよいでしょう（パンマルについてはP.31）。

？をつけなければ「バイバイ」と言うときにも使えます。

❹ 좋은 아침！　おはよう！

直訳すると「좋은（チョウン）　よい」「아침（アッチム）　朝」で「グッドモーニング」の韓国語訳です。

転じて、英語と同じく「おはよう」の意味で使われるようになりました。

「アンニョンハセヨ」よりもフレンドリーなニュアンスで、会社の同僚や同級生など、気軽にあいさつを交わすような相手によく使われます。

表現 2

別れのあいさつ

CD 11

アンニョンヒ　ガセヨ
안녕히 가세요
さようなら。

アンニョンヒ　ガセヨ
❶ 안녕히 가세요.　(去る人に)さようなら。

アンニョンヒ　ゲセヨ
❷ 안녕히 계세요.　(とどまる人に)さようなら。

アンニョン
❸ 안녕.　バイバイ。

チャルガ ヨ
❹ 잘 가요.　気をつけて。

ットマンナヨ
❺ 또 만나요.　またね。

基本をマスター

❶ 안녕히 가세요. (去る人に)さようなら。

가세요は「가다(カダ) 行く」の丁寧な命令形で、「行ってください」という意味。立ち去る人に対して使います。外出先で相手と会った場合は、時間がたてば両者ともその場から去るので、双方でこの表現を使います。

❷ 안녕히 계세요. (とどまる人に)さようなら。

계세요は「계시다(ケシダ) 居らっしゃる」＋丁寧な命令形で「居らしてください」という意味。直訳すると「お元気で居らしてください（お過ごしください)」で、その場に残る人に対して使います。訪問先からおいとまするときに使いましょう。電話を切るときにも、この안녕히 계세요. を使います。

❸ 안녕. バイバイ。

敬語のないうちとけた表現です。親しい間柄で会ったり、別れたりするときに使います。

❹ 잘 가요. 気をつけて。

３よりも丁寧な表現で、１、２のようなあいさつを使うとよそよそしい相手に使います。最後の요(ヨ)をとれば、ごく親しい間で使うパンマルになり、年下の相手に使えます。

❺ 또 만나요 またね。

直訳すると「また会いましょう」で、気さくに接する間柄でよく使われます。

すぐ明日にでもまた会えそうな相手には「내일 또 봐요(ネイルットバヨ). また明日会いましょう」という表現もあります。

会社などのあらたまった席で退席するときは「먼저 실례하겠습니다(モンジョ シルレハゲッスムニダ). お先に失礼します」がいいでしょう。「실례(シルレ)＝失礼」です。

表現を増やそう

CD 12

別れのあいさつ

別れのあいさつには、ほかにも次のようなものがあります。

アンニョンヒ チュムセヨ
1 안녕히 주무세요. おやすみなさいませ。

年上の人に。

チャル チャヨ
2 잘 자요. おやすみなさい。

親しいけれどタメ口は……という相手に。

チャル チャ
3 잘 자. おやすみ。

年下もしくは親しい間柄に。

チョウン クム ッコ
4 좋은 꿈 꿔. いい夢を。

ちょっとロマンチックな表現ですが、恋人同士でなくともＯＫです。「꿈을 꾸다（クムル ックダ） 夢を見る」はセット表現で、夢には「보다（ポダ） 見る」は使えません。

シィセヨ
5 쉬세요. おやすみなさい。

쉬다は「休む」の意味。「세요」は丁寧な命令形「お～なさい」の意味ですから、文字通り「おやすみなさい」です。２よりも丁寧な表現で親しい人なら年上の人にも使えます。

information

相手によって使い分ける文体 ～ハムニダ体、ヘヨ体、パンマル、ハンダ体～

韓国語には「ですます」体にあたる文体として「ハムニダ（합니다）」体と「ヘヨ（해요）」体の2つがあります。

「ハムニダ」体はフォーマルかつ少し硬い雰囲気のある文体で、公式の場での発言や年上の、礼儀をきちんとわきまえなければならない相手にたいして使います。また、親しい相手でも真剣に伝えたいことがあるときや、「사랑합니다（サランハムニダ）. 愛しています」など「イザ！」というときに使われます。「ですます」体の書き言葉としても用いられます。

「ヘヨ」体は日常生活でよく使われる「ですます」体。相手にたいして、敬意はありますが、親しみも感じていることを表す文体です。日常会話では、ほとんどこの「ヘヨ」体が使われていますが、男性の場合、「ヘヨ」体だけだと少々女性っぽく見られる場合があるかもしれませんね。

立場や関係の異なる複数の相手と話をする場合など、ネイティブはこの「ハムニダ」体と「ヘヨ」体をまぜながら会話しています。

「ヘヨ」体から、最後の「ヨ」をとった文体が「パンマル（반말）」。日本語の「タメ口（ぐち）」に近い感覚で、同年代や年下の相手に使いますが、年上であっても、とても親しく、相手がパンマルを話すことを許可した場合には使うことができます。

このほか、「ハンダ（한다）」体という文体もあります。これは日本語の「である」体にあたり、新聞や随筆などの書き言葉として用いられるほか、独り言を言うときや、同年代や年下の相手に「～するんだ」と意志を述べたり説明するときなどに使う非敬語表現です。

例）

ハムニダ体	합니다（ハムニダ）	します、いたします（～ます、～です、～でございます）
ヘヨ体	해요（ヘヨ）	します（～ます、～です）
パンマル	해（ヘ）	するさ、するわ（～わ、～よ、～さ）
ハンダ体	한다（ハンダ）	する（～だ、～である）

表現
3 おれを言う

CD 13

コマプスムニダ
고맙습니다.
ありがとうございます。

1 カムサハムニダ
감사합니다. 感謝いたします。

2 コマプスムニダ
고맙습니다. ありがとうございます。

3 コマウォヨ　コマウォ
고마워요. / 고마워.
ありがとうございます。／ありがとう。

4 チャル カンジッカルケヨ
잘 간직할게요. 大切にしますね。

5 シンセ マニ チョッスムニダ
신세 많이 졌습니다. お世話になりました。

6 チョヤマルロ
저야말로. こちらこそ。

発音ワンポイント

激音化

前後に「ㅎ」がくると「ㄱㄷㅂㅈ」は激音化して［ㅋㅌㅍㅊ］と発音されます（→P.22）。

잘 간직할게요（チャルカンジッカルケヨ）は「チャルカンジッカルケヨ」と「カ」を強く息を出して発音しましょう。

基本をマスター

❶ 감사합니다. 感謝いたします。

「감사(カムサ)＝感謝」です。とても丁寧な表現で、スピーチで聴衆に向かってお礼を言うときや目上の人に対して謝意を表したいとき、また、ある程度フレンドリーな仲でも、あらたまってお礼が言いたいときに使えます。

❷ 고맙습니다. ありがとうございます。

直訳すると「ありがたいです」という意味で、一般的なお礼を述べるときの表現です。旅行先や見知らぬ人に親切にしてもらったら、このように言いましょう。言われたときには「아니에요(アニエヨ). いいえ（どういたしまして)」と答えればＯＫです。

❸ 고마워요./ 고마워. ありがとうございます。／ありがとう。

고맙습니다(コマプスムニダ)よりも、さらにくだけた表現です。「요」をとったパンマルの고마워(コマウォ). は友人同士や年下の相手にお礼を言うときに使えます。

❹ 잘 간직할게요. 大切にしますね。

간직하다(カンジカダ)は「大切に保管する」という意味で、何かをもらったとき、お礼を言うときに使う表現です。소중히(ソジュンイ) 할게요(ハルケヨ). という表現もあります。

❺ 신세 많이 졌습니다. お世話になりました。

宿泊先のホテルのフロントやホームステイ先など、お世話になった人へのあいさつです。신세(シンセ)（身世）＝世話、面倒という意味です。

❻ 저야말로. こちらこそ

저 は「私」、야말로 は「～こそ」です。相手の言った言葉を、「自分もそうです」とそのまま返すときに使える便利な表現です。

表現を増やそう

CD 14

プレゼントやお土産などを渡すときの表現

ネ　マウミエヨ
내 마음이에요.　私の気持ちです。

イゴ　パドゥセヨ
이거 받으세요.　これ、受け取ってください。

チャル　スセヨ
잘 쓰세요.　（大切に）使ってください。

チャル　スルケヨ
잘 쓸게요.　大切に使いますね。

知っておくと便利！

チョデヘ　ジュショソ　コマプスムニダ
초대해 주셔서 고맙습니다.　ご招待ありがとうございます。

ックッカジ　トゥロ　ジュショソ　カムサハムニダ
끝까지 들어 주셔서 감사합니다.　ご清聴ありがとうございました。

トワ　ジョソ　コマウォ
도와 줘서 고마워.　手伝ってくれてありがとう（友だちに）。

ワ　ジョソ　コマウォヨ
와 줘서 고마워요.　来てくれてありがとうございます。

✱使ってみよう✱

CD 15

プレゼントを渡す

A 〈엽서〉 잘 받았습니다.（ヨプソ チャル パダッスムニダ）

{絵はがき} をありがとう（ちゃんと受け取りました）。

B 천만에요.（チョンマネヨ） どういたしまして。

韓国語では、「～をありがとう」ではなく「～しました／しますね」という言葉で感謝を表現します。

単語帳

〈　〉部分を次の単語に置き換えてみましょう。

プレゼント

과자（クァジャ） お菓子	과일（クァイル） 果物	초콜릿（チョコルリッ） チョコレート
꽃다발（コッタバル） 花束	엽서（ヨプソ） (絵)はがき	편지（ピョンジ） 手紙
사진（サジン） 写真		

볼펜 잘 쓸게요.（ポルペン チャル スルケヨ）

ボールペンありがとう（しっかりと使いますね）。

케이크 잘 먹을게요.（ケイク チャル モグルケヨ） ケーキありがとう（きちんと食べますね）。

表現 4

お詫びの言葉

CD 16

チェソンハムニダ
죄송합니다.
すみません。

1. チェソンハムニダ
죄송합니다. 申し訳ございません。／すみません。

2. ミアネヨ
미안해요. ごめんなさい。

3. ミアネ
미안해. ごめんね。

4. チャルモッテッソヨ
잘못했어요. ごめんなさい。

5. ヨンソヘ ジュセヨ
용서해 주세요. 許してください。

発音ワンポイント

発音は「モッテッソヨ」

文字通り못 했어요（モッヘッソヨ）. と読むのではなく、「ㅅ[ㄷ]＋ㅎ→ㅌ」で［몯태써요（モッテッソヨ）］と読みます。

基本をマスター

❶ 죄송합니다.　申し訳ございません。／すみません。

とても丁寧な謝罪の表現です。見知らぬ人に謝るときや、店員が客に謝るときなどに使います。죄송하다(チェソンハダ)は「申し訳ない」という意味です。「죄송합니다만(チェソンハムニダマン)　申し訳ありませんが、すみませんが」は、知らない人に話しかけたり、呼びとめるときなどにも使うことができます。

❷ 미안해요.　ごめんなさい。

親しいけれども丁寧語が必要な相手に謝るときに使われます。죄송합니다.(チェソンハムニダ)よりもくだけた感じです。知らない人にはもう少し丁寧な미안합니다.(ミアナムニダ)を使って謝りましょう。ただし、日本語の「(どうも)すみません」のように「ありがとう」の代わりに使うことはできません。

❸ 미안해.　ごめんね。

親しい間柄で謝るときに使います。「ごめん」のニュアンスです。恋人同士ならこの表現でＯＫですね。「잘 못했어.(チャルモッテッソ)　悪かった」とセットでもよく使われます。

❹ 잘못했어요.　ごめんなさい。

直訳すると「間違ったことをしました」で、自分が過ちを犯したことを相手に謝るときに使う表現です。親に叱られている子どもが謝るときなどによく使われます。５の「용서해(ヨンソヘ) 주세요.(ジュセヨ)　許してください」などと一緒に使いましょう。

❺ 용서해 주세요.　許してください。

용서は「容赦」、해 주세요は「～してください」。過ちを犯したときなど、４と一緒によく使われます。

✱使ってみよう✱

CD 17

＊ －아 / 어서 죄송합니다.　～してすみません。

ヌジョソ　チェソンハムニダ
늦어서 죄송합니다.　遅れてすみません。

モルラ　ブァソ　チェソンハムニダ
몰라 봐서 죄송합니다.　（人に）気づかずにすみません。

ヤクソグル　モッ　チキョソ　チェソンハムニダ
약속을 못 지켜서 죄송합니다.　約束を守れずにすみません。

カチ　モッカソ　チェソンハムニダ
같이 못가서 죄송합니다.　一緒に行けなくてすみません。

プタグル　トゥロ　ジュジ　モッテソ　チェソンハムニダ
부탁을 들어 주지 못해서 죄송합니다.
頼みを聞いてあげられなくてすみません。

トワ　ドゥリジ　モッテソ　チェソンハムニダ
도와 드리지 못해서 죄송합니다.
力になれなくて（助けて差し上げられなくて）すみません。

＊ 満員の電車やバスでは……

チャムッカンマンニョ
잠깐만요.　すみません（通してください）。

ピキョ　ジュセヨ
비켜 주세요.　どいてください。

韓国では、他人にぶつかってもわざわざ謝らないのが一般的。
「ケンチャナヨ（大丈夫だよ）」と気にしません。

＊ 部屋に入るとき

チョギ　トゥロガド　トェヨ
저기, 들어가도 돼요?　あの、入ってもいいですか？

ネ　トゥロオセヨ
네, 들어오세요.　ええ、お入りください。

表現を増やそう

CD 18

その他の謝罪の表現

ケンチャナヨ
괜찮아요.　大丈夫です。

トェッソヨ
됐어요.　結構です。

ムンジェ　オプソヨ
문제 없어요.　問題ありません。

ピョル ゴ　アニエヨ
별 거 아니에요.　たいしたことありません。

ピョルマルッスムルリョ
별말씀을요.　とんでもございません。

オガワ　ッシ　タシ　アニエヨ
오가와 씨 탓이 아니에요.　小川さんのせいじゃありません。

シンギョン ッスジ　マセヨ
신경 쓰지 마세요.
気にしないでください（直訳は、「神経使わないでください」）。

シンギョン ッスチ　マ
신경 쓰지 마.　気にしないで。

意向をたずねる表現

チョギ　ハン ガジ　ムロ　ブァド　トェヨ
A 저기, 한 가지 물어 봐도 돼요?
あの、1つ伺ってもいいですか？

ネ　マルッスマセヨ
B 네, 말씀하세요.　はい、どうぞ（お話しください）。

＊　＊　＊

コピ　トゥシルレヨ
A 커피 드실래요?　コーヒー召し上がりますか？

トェッソヨ
B 됐어요.　大丈夫です。

アラソ　ハルケヨ
알아서 할게요.　お構いなく（自分でやります）。

＊됐어요.（トェッソヨ）と알아서 할게요.（アラソ ハルケヨ）は、押し売りを断るなど、はっきりNOを言う場合にも使います。人によっては失礼にあたりますので、やんわりと断る場合は、괜찮아요（ケンチャナヨ）を使いましょう。

表現 5
近況をたずねる

CD 19

チャル　チネショッソヨ
잘 지내셨어요 ?
お元気でしたか？

チャル チネショッソヨ
1 잘 지내셨어요 ?　お元気でしたか？

チャル チネッソ
2 잘 지냈어 ?　元気だった？

クッチョグンニョ
3 그쪽은요 ?　そちらは？

トクプネ チャル チネゴ イッスムニダ
4 덕분에 잘 지내고 있습니다.
おかげさまで元気にやっています。

クジョ クレヨ
5 그저 그래요.
まあまあです（特に変わりありません）。

カジョクプンドゥルドチャル チネセヨ
6 가족분들도 잘 지내세요 ?
ご家族もお元気でお過ごしですか？

基本をマスター

❶ 잘 지내셨어요？ お元気でしたか？

目上の人や、お互いに敬語で話すような間柄で使う表現です。셨は、尊敬＋過去形のパーツです。「お元気で過ごされましたか？」という意味です。久しぶりに会ったときには、「오랜만입니다（オレンマニムニダ）. お久しぶりです」という表現もあります。

❷ 잘 지냈어？ 元気だった？

仲のよい友人や年下の相手など、親しい間柄で使います。直訳すると「잘（チャル） よく」「지내（다）（チネダ） 過ご（す）」「ㅆ어?（ッソ） だった？」。答えるときも「잘 지냈어.（チャル チネッソ） 元気だった」と、文末のイントネーションを下げるだけでＯＫです。

❸ 그쪽은요？ そちらは？

１や２の問いに答えたあと、相手に聞き返す表現です。韓国語には「あなた」にあたる適当な人称代名詞がないので、「그쪽 そちら側」などの単語を代用するか、「지영 씨는요?（ジヨンッシヌンニョ） ジヨンさんは？」というふうに、相手の名前を呼ぶしかありません。

なお、苗字だけに씨をつけて呼ぶのは失礼なので、避けましょう。

❹ 덕분에 잘 지내고 있습니다. おかげさまで元気にやっています。

덕분에（トクブネ）は「おかげさまで」、特に世話になっていなくてもこのようにあいさつをするのは、日本語と似ていますね。고 있습니다（ゴ イッスムニダ）は現在進行形で「～しています」の意味。

❺ 그저 그래요. まあまあです。

特に変わりがないとき、よくも悪くもないとき、１や２の質問に対する返事です。

友人同士なら、最後の 요 をとってパンマルにしましょう。感想にも使えます。

A「이 연극 어때요?（イ ヨングク オッテヨ） この演劇、どうですか？」

B「그저 그래요.（クジョ クレヨ） まあまあです」

❻ 가족분들도 잘 지내세요？ ご家族もお元気でお過ごしですか？

家族のきずなが深い韓国人とは、家族ぐるみの付き合いも多いはず。久しぶりに会ったらご両親やお子さんの近況などもたずねてみましょう。

부모님은 건강하세요?（プモニムン コンガンハセヨ） ご両親はご健康でいらっしゃいますか？

자녀분들은 잘 지내요?（チャニョブンドゥルンチャル チ ネ ヨ） お子さんたちはお元気ですか？

✱使ってみよう✱

CD 20

✱ 友人との会話

A 오랜만이야. 별일 없었어?（オレンマニヤ ピョルリル オプソッソ）
お久しぶり、元気だった？（変わったことはなかった？）

B 응, 잘 있었어.（ウン チャ リッソッソ） うん、元気だった。

✱ 丁寧な会話

A 오랜만이에요.（オレンマニエヨ） お久しぶりですね。

B 반가워요. 어떻게 지내셨어요?（パンガウォヨ オットケ チネショッソヨ）
（会えて）うれしいです。どうされてましたか？

A 덕분에 잘 있었어요.（トクブネ チャ リッソッソヨ） おかげさまで、元気にしていましたよ。

column

韓国人の表現の方法

韓国人は、「好き」「嫌い」に関して、かなりはっきりした表現をします。日本人は「〜のようです」といったやわらげた表現をよく使い、言いにくいことを伝える際は「私には合わない」とか、「悪くはないんだけれど……」といった、相手のことを考えてやんわりとぼかした表現を用いることが多いです。

韓国人は、「嫌いです」とか「まずいです」というように、はっきり伝えます。韓国人にとってはそれが当たり前なので、はっきり言われることで腹が立つ、傷つくといったことはありません。

最近はだいぶ「〜のようです」のような、はっきり言わない、やわらげた表現も用いられるようになりましたが、韓国語で会話する際は、日本語よりもはっきりした意思表示が必要です。

表現を増やそう

CD 21

その他の近況をたずねる表現

オレガンマニエヨ
오래간만이에요. お久しぶりです。

チャル チネセヨ
잘 지내세요? お元気ですか？

ネ トクプネ チャル チネヨ
네, 덕분에 잘 지내요. はい、おかげさまで元気です。

チャ リッソッソヨ
잘 있었어요? 元気でしたか？

ネ ヨルラク モッテソ ミアネヨ
네, 연락 못해서 미안해요. ええ、連絡できなくてすみませんでした。

ピョルリル オプソッソヨ
별일 없었어요? お変わりないですか？

アイガ チョドゥンハッキョヘ トゥロガッソヨ
아이가 초등학교에 들어갔어요. 子どもが小学校に入りました。

ピョナモプシ パップゲ チネゴ イッスムニダ
변함없이 바쁘게 지내고 있습니다. 相変わらず忙しくしています。

ムスン ニル イッソッソヨ
무슨 일 있었어요? 何かあったんですか？

ピョルリル オプスシジョ
별일 없으시죠? お変わりありませんよね？

ヨジュム オットケ チネ
요즘 어떻게 지내? 最近、どうしているの？

表現
6 返事の言葉

CD 22

ネ　　アニョ
네. / 아뇨.
ええ。／いいえ。

イェ　ネ　ウン
① 예. / 네. / 응.　はい。／ええ。／うん。

アニムニダ　アニョ　アニャ
② 아닙니다. / 아뇨. / 아냐.
違います。／いいえ。／いいや。

クレヨ
③ 그래요.　そうですね。

クルセヨ
④ 글쎄요.　そうですねえ……。

クロムニョ
⑤ 그럼요.　もちろんです！

基本をマスター

❶ 예. / 네. / 응.　はい。／ええ。／うん。

はい、いいえの返事にも相手が年上・年下かによって区別があります。年上には「예. はい」、親しみのある年上や同等の相手には「네. ええ」、親しい間柄や年下には「응. うん」を使います。

❷ 아닙니다. / 아뇨. / 아냐.　違います。／いいえ。／いいや。

年上の相手には「아닙니다. 違います」や「아니에요（アニエヨ）. 違います」を使いましょう。「아뇨. いいえ」も年上の相手に使えます。親しい相手や年下には「아냐. いいや」で構いません。

❸ 그래요.　そうですね。

相手の言うことに同意するときに使う表現です。그래요? と文末のイントネーションを上げると「そうなんですか？」と相手の言ったことを確かめるフレーズになります。

❹ 글쎄요.　そうですねえ……。

相手の言ったことに心から賛同できないとき、もしくは質問にはっきりと答えられないときなど、言葉を濁すときに使う表現です。返答に困ったときには、このフレーズで切りぬけましょう。

❺ 그럼요.　もちろんです。

「当然です」「もちろんです」と相手の言うことを肯定するときに使います。年上の人にはもう少し丁寧な「그렇습니다（クロッスムニダ）. そうです／その通りです」という表現もあります。「（あなたの言うことは）合っています＝その通りです」という意味の맞아요（マジャヨ）.（実際の発音は［맞어요（マジョヨ）］とも）もよく使われます。

information

相手との上下関係によって異なった話し方をする韓国語では、目上の人との会話では、あいづちにも気をつけましょう。丁寧な会話には「예. はい」とか「아､예. ええ、はい」などと答えます。

예.（イェ）　はい（目上に、かしこまった場面で）。

네.（ネ）　ええ（親しみをこめて目上に、もしくは同等の相手に）。

응.（ウン）　うん（親しい、もしくは目下に、タメ口っぽく）。

알았어.（アラッソ）　わかったよ。

表現を増やそう

CD 23

あいづちの言葉（P.146も参照）

マンヌン　マルッスミムニダ
맞는 말씀입니다.　（目上の人に）おっしゃるとおりです。

ニ　マリ　マジャ マジョ
니 말이 맞아[어].　君の言うとおりだ。

ハギン　クレヨ
하긴 그래요.　確かにそうです。

ムォラゴヨ
뭐라고요?　何ですって？（聞き返し）

クロル　リガ　オプソヨ
그럴 리가 없어요.　そんなはずがありません。

ウェ　クレヨ
왜 그래요?　どうして？（なぜそうなの？）

シルタミョン　シルン　ゴジ
싫다면 싫은 거지.
いやだといったら、いやなんだろ（いやなのさ）。

アン デェンダミョン アン　デヌン　ゴジョ
안 된다면 안 되는 거지요.　だめなものはだめです。

column

上下関係に厳しい韓国

韓国は上下関係を非常に大切にし、目上の人、年上の人に対する態度は厳しく定められています。たとえば握手をするとき、目下、年下の人は必ず両手を添えなければ失礼とされています。

ほかにも、宴席では、目上の人にお酒を注ぐ際は、両手を添えることとされています。飲むときも目上の人のほうを向かず、横を向かなくてはいけません（コーヒーなどを飲む際には必要ありません）。

前にも横にも目上の人がいるような宴席では、前の人を避けて横を向けば、横の人を正面に据えることになってしまいますが、厳密な方向が決められているわけではないので、下を向く、違う方向を向くそぶりなどすればOKでしょう。

表現 7

自己紹介・私は～です。

CD 24

チョヌン　イムニダ
저는 – 입니다.
私は～です。

1. チョヌン サト カズオラゴ ハムニダ
   저는 사토 가즈오라고 합니다.
   私は佐藤和夫といいます。

2. チョヌン モリタイムニダ
   저는 모리타입니다.　私は森田です。

3. チゴビ オットケ トェセヨ
   직업이 어떻게 되세요？　職業は何ですか？

4. チョヌン フェサウォニエヨ
   저는 회사원이에요.　私は会社員です。

5. チブン トキョエヨ
   집은 도쿄예요.　家は東京です。

基本をマスター

❶ 저는 사토 가즈오라고 합니다. 私は佐藤和夫といいます。

「－는 －(이)라고 합니다. ～は～といいます」は名前を名乗るときの表現です。

라고は「～と」、합니다は「いいます」の意味です。「제 이름(チェ イルム) 私の名前」を使って「제 이름은 장근석입니다.(チェ イルムン チャングンソギムニダ) 私の名前はチャングンソクです」という表現もあります。

1人称は「저는(チョヌン) 私は」「제가(チェガ) 私が」「제(チェ) 私の」「저를(チョルル) 私を」と変化します(→P.122表現22)。

❷ 저는 모리타입니다. 私は森田です。

「－는 -입니다. ～は～です」の입니다 はパッチムの有無に関係なく使うことができます。名詞などの体言のあとにつきます。

무리입니다.(ムリイムニダ) 無理です。　아직입니다.(アジギムニダ) まだです。　셋입니다.(セシムニダ) 3つです。

❸ 직업이 어떻게 되세요? 職業は何ですか?

「(－가/이) 어떻게(オットケ) 되세요(トェセヨ)? ～はどのようにおなりですか?」という丁寧な聞き方です。「직업이(チゴビ) 職業は」の代わりに「연세가(ヨンセガ) お歳は」「취미가(チュミガ) 趣味は」「고향이(コヒャンイ) 故郷は」を使えば、年齢や趣味などを聞くことができます。

❹ 저는 회사원이에요. 私は会社員です。

「－는 －이에요. ～は～です」というもっともシンプルな表現です。「이에요(イエヨ). ～です」は 입니다(イムニダ)よりも親しみの感じられる、ヘヨ体の文体です。パッチムのある名詞のあとにつきます。

❺ 집은 도쿄예요. 家は東京です。

パッチムのない名詞につくときの「～です」にあたるヘヨ体は예요(エヨ). となります。

✱使ってみよう✱

CD 25

＊ 自己紹介

アンニョンハセヨ
안녕하세요?　こんにちは。

チョヌン　タガイ　ラゴ　ハムニダ
저는 〈다가이〉 라고 합니다.　私は｛田賀井｝といいます。

チョヌン　フェサウォン　イムニダ
저는 〈회사원〉 입니다.　私は｛会社員｝です。

チブン　トットリ　イムニダ
집은 〈돗토리〉 입니다.　家は｛鳥取｝です。

マンナソ　パンガプスムニダ
만나서 반갑습니다.　お会いできてうれしいです。

単語帳

職業

회사원（フェサウォン）	会社員	주부（チュブ）	主婦	학생（ハクセン）	学生	교사（キョサ）	教師

日本の地名

도쿄（トキョ）	東京	오사카（オサカ）	大阪	삿포로（サッポロ）	札幌	후쿠오카（フクオカ）	福岡
나고야（ナゴヤ）	名古屋	교토（キョト）	京都				

information

韓国人は年齢の上下によって言葉づかいが変わってくるので、初対面でも年齢を聞く、というようなことが言われていましたが、最近ではそうでもありません。年下と思われる場合でも「セヨ（ヘヨ体の尊敬語）」体を使う場合も多いようです。

information

～は～です(自己紹介)

「～は」を意味する助詞は는/은の2つ。前にくる名詞のパッチムの有無で決まります。

「～です」にはあらたまった場面で使える「입니다(イムニダ)」と、より親しみをこめた相手に使う「예요(エヨ)」「이에요(イエヨ)」があります。

「는」と「은」、「예요」と「이에요」は、前にくる単語のパッチムの有無で選びます。

저 [는] ↑パッチム無 私は	주부 [예요]. ↑パッチム無 主婦です。
남편 [은] ↑パッチム有 夫は	회사원 [이에요]. ↑パッチム有 会社員です。

表現を増やそう

CD 26

「どうぞよろしく」のいろいろ

처음 뵙겠습니다.(チョウム プェプケッスムニダ) はじめまして。

잘 부탁합니다.(チャル プ タ カ ム ニ ダ) よろしくお願いします。

저는 – 입니다.(チョヌン イムニダ) 私は～です。

이쪽은 – 입니다.(イッチョグン イ ム ニ ダ) こちらは～です。

여기는 – 입니다.(ヨ ギ ヌ ン イ ム ニ ダ) これは～です。(家族や会社の同僚など)

表現 8

呼びかけの表現

CD 27

チョギヨ
저기요.
すみません。

1. チョギヨ
저기요. （店員を呼ぶとき）すみません。

2. チェソンハンデヨ
죄송한데요. （話しかけるとき）すみませんが……。

3. マルスム ジョム ムッケッスムニダ
말씀 좀 묻겠습니다. ちょっとおたずねします。

4. チャムッカンマンニョ
잠깐만요.
（呼びとめるとき）ちょっと待ってください！

5. ケセヨ
계세요？ ごめんください。

6. ヨボセヨ
여보세요. もしもし。

基本をマスター

❶ 저기요.　(店員を呼ぶとき)すみません。

食堂やお店などで店員を呼ぶときに使います。여기요（ヨギヨ）. とも言います。相手の性別や年齢に一切関係なく呼びかけることのできる便利な表現です。最近では、「아줌마（アジュムマ）　おばさん」「아저씨（アジョッシ）　おじさん」など、相手の年齢を感じさせるような呼び方は敬遠されつつあります。年配の女性店員には「이모（イモ）（母の姉妹の意味）」と呼びかけたりもします。

❷ 죄송한데요.　(話しかけるとき)すみませんが……。

直訳すると「申し訳ないのですが」という意味で、何かお願いしたいときの前置きの表現として使いましょう。

❸ 말씀 좀 묻겠습니다.　ちょっとおたずねします。

道に迷ったときなど、見知らぬ人にいきなり質問をするのではなく、このようなフレーズを使ってから質問すると、相手に丁寧な人という印象を与えることができます。直訳すると「お言葉をちょっとおたずねします」という意味です。

❹ 잠깐만요.　(呼びとめるとき)ちょっと待ってください！

「ちょっと待って」と相手に待ってほしいときや、自分に注意を向けてほしいときに使います。このほか、混雑したバスや電車から降りたいとき、道をあけてほしいときにも使います。電車やバスから降りそこなわないように、こう言いながら降りる準備を早目にしましょう。

❺ 계세요？　ごめんください。

直訳すると「(誰か) いらっしゃいますか？」。係の人が見当たらないときなどは、建物の中に向かってこのように大きな声で呼びかけてみてください。

❻ 여보세요.　もしもし。

電話をかけたとき、まず最初に相手に対して呼びかける言葉です。

知らない人を呼び止めるときにも使うことができます。

✱使ってみよう✱

CD 28

＊ 注文してみましょう

A 저기요, 여기 {커피} {2} 잔 부탁합니다.
(チョギヨ ヨギ コピ トゥ ジャン ブタカムニダ)
すみません。ここに {コーヒー} {2杯} お願いします。

B 네. はい（かしこまりました）。
(ネ)

単語帳

飲み物を注文するときの単位

한 (ハン)	1～	두 (トゥ)	2～	세 (セ)	3～	네 (ネ)	4～

음료 (ウムニョ) 飲み物

커피 (コピ)	コーヒー	홍차 (ホンチャ)	紅茶	냉커피 (ネンコピ)	アイスコーヒー

韓国の紅茶はストレートが基本です。

● 음료수 (ウムニョス) 飲料水（ジュースやサイダー類）

주스 (チュス)	ジュース	콜라 (コルラ)	コーラ	사이다 (サイダ)	サイダー

● 전통차 (チョントンチャ) 伝統茶

녹차 (ノクチャ)	緑茶	유자차 (ユジャチャ)	ゆず茶	인삼차 (インサムチャ)	人参茶

식혜 (シケ) 韓国式甘酒（ノンアルコール）

● 술 (スル) お酒

소주 (ソチュ)	焼酎	맥주 (メクチュ)	ビール	일본술 (イルボンスル)	日本酒
양주 (ヤンチュ)	ウィスキー	막걸리 (マッコルリ)	マッコリ		

単語帳

食べ物を注文するときの単位

하나（ハナ） 1つ　둘（トゥル） 2つ　셋（セッ） 3つ　넷（ネッ） 4つ

한국요리（ハングンニョリ） 韓国料理①

●고기（コギ） 肉

갈비구이（カルビグイ） 骨付きカルビ　양념갈비（ヤンニョムカルビ） 味付きカルビ

불고기（プルゴギ） プルコギ　삼겹살（サムギョプッサル） 豚の三枚肉焼き

삼계탕（サムゲタン） 参鶏湯　닭갈비（タッカルビ） 鶏カルビ

●밥（パプ） ご飯

비빔밥（ビビムパプ） ビビンバ　돌솥비빔밥（トルソッビビムパプ） 石焼ビビンバ

김밥（キムパプ） のり巻き　볶음밥（ポックムパプ） チャーハン　죽（チュク） お粥

●면류（ミョンニュ） 麺類

냉면（ネンミョン） 冷麺　비빔냉면（ビビムネンミョン） 辛い冷麺

라면（ラミョン） ラーメン　잡채（チャプチェ） チャプチェ

●찌개（ッチゲ） 鍋類

순두부찌개（スンドゥブッチゲ） 豆腐チゲ　김치찌개（キムチッチゲ） キムチチゲ　된장찌개（トェンジャンッチゲ） 味噌チゲ

부대찌개（プデッチゲ） 部隊チゲ（ハム、ピーマンなどが入る）　해물탕（ヘムルタン） 海鮮鍋

●기타（キタ） その他

지짐이（チヂミ） チヂミ　떡볶이（ットッポッキ） トッポギ　튀김（トゥィギム） 揚げ物

오뎅（オデン） 韓国式おでん　호떡（ホットク） ホットク

表現 9

値段をたずねる

CD 29

オルマエヨ
얼마예요？
いくらですか？

1 オルマエヨ
얼마예요？ いくらですか？

2 チョム ピッサンデヨ
좀 비싼데요. ちょっと高いですけど。

3 イゴ ハナ ジュセヨ
이거 하나 주세요. これ、1つください。

4 シニョンカドゥ トェヨ
신용카드 돼요？ クレジットカード使えますか？

5 チョムドッ サン ゴ オプソヨ
좀 더 싼 거 없어요？
もう少し安いのはありませんか？

6 タウメ ット オルッケヨ
다음에 또 올게요. （この次に）また来ます。

基本をマスター

❶ 얼마예요？ いくらですか？

市場では値札がついていないことが多いので、まず値段をたずねましょう。「全部で」と言いたいときは、前に모두(モドゥ)をつければOKです。田舎や空港の客待ちタクシーでは、値段をあらかじめ決めてから乗ることが多い（なるべくメーター制をおすすめします）ので、このフレーズを使って交渉しましょう。「～までいくらですか」は－까지(ッカジ) 얼마예요?(オルマエヨ) と言います。

❷ 좀 비싼데요. ちょっと高いですけど。

ストレートに「깎아 주세요.(カッカ ジュセヨ) まけてください」という表現もありますが、こう言ってからじっとほかの商品を見ていれば「値切りたい」というメッセージは伝わります。

❸ 이거 하나 주세요. これ、1つください。

「이거(イゴ) これ」「하나(ハナ) 1つ」「주세요(ジュセヨ) ください」です。주세요の前に買いたい品物を入れれば、「～ください」という買い物で使う表現になります。

❹ 신용카드 돼요？ クレジットカード使えますか？

「신용카드(シニョンカドゥ) 信用カード＝クレジットカード」のことです。돼요？(トェヨ)は「大丈夫ですか」という意味で、「使えますか？」「可能ですか？」「できますか？」など多様な意味に使うことができます。お店のメニューにない食べ物でも、「－돼요？ ～できますか？」と聞いてみましょう。

「だめです」は안 돼요.(アン ドェヨ) と言います。

❺ 좀 더 싼 거 없어요？ もう少し安いのはありませんか？

「좀 더 もう少し」「싼 거 安いもの」の意味です。このように言ってほかの物をひととおり見たあとで、値段を交渉するのも手です。

❻ 다음에 또 올게요. （この次に）また来ます。

入ってみたけれど気に入ったものが見当たらなかったとき、この一言を言ってお店を出れば気まずくなりません。もちろん、単なるあいさつですから、また行く必要はありません。買い物をしてお店が気に入ったときにも、「また来ますね」と一言添えて。顔を覚えてもらえれば、お店の人もきっと親切にしてくれるはず。

✱使ってみよう✱

CD 30

＊ 買い物で

モォル チャジュセヨ
A 뭘 찾으세요?　何をお探しですか？

ドレス ルル ポヨジュセヨ
B 〈드레스〉를 보여주세요.　{ドレス} を見せてください。

イ ドゥレス ＊ヌン オルマエヨ
이 〈드레스〉는 얼마예요?　この {ドレス} はいくらですか？

イ カバン ＊ウン オルマエヨ
이 〈가방〉은 얼마예요?　この {かばん} はいくらですか？

マヌォニムニダ
A 만원입니다.　1万ウォンです。

ッサネヨ
B 싸네요.　安いですね。

イゴル ジュセヨ
이걸 주세요.　これをください。

単語帳

買い物

＊パッチムあり		＊パッチムなし	
가방（カバン）	かばん	구두（クドゥ）	くつ
신상품（シンサンプン）	新商品	스카프（スカプ）	スカーフ
로션（ロション）	乳液	모자（モジャ）	帽子
스킨（スキン）	スキンローション	코트（コトゥ）	コート
팩（ペック）	パック	넥타이（ネクタイ）	ネクタイ
저것（チョゴッ）	あれ	큰 사이즈（クン サイズ）	大きいサイズ
그것（クゴッ）	それ	작은 사이즈（チャグン サイズ）	小さいサイズ

表現を増やそう

CD 31

その他の買い物での表現

チャンドニ　オムヌンデヨ
잔돈이 없는데요.　小銭がないんですが。

ヨル　ケ　サミョン　オルマエヨ
열 개 사면 얼마예요?　１０個買ったらいくらになりますか？

ッカッカ　ジュシルレヨ
깎아 주실래요?　まけていただけますか？

イボ　ブァド　トェヨ
입어 봐도 돼요?　試着してもいいですか？

マウメ　トゥロヨ
마음에 들어요.　気に入りました。

ヒョングムロ　ネゲッスムニダ
현금으로 내겠습니다.　現金で支払います。

エヌロ　ケサネド　トェヨ
엔으로 계산해도 돼요?　円で支払えますか？

ヨンスジュン　ジュセヨ
영수증 주세요.　領収書をください。

ケサニ　トゥルリョッソヨ
계산이 틀렸어요.　計算が間違っています。

パンプマゴ　シプンデヨ
반품하고 싶은데요.　返品したいんですが。

表現 10

数を数える

CD 32

イル　イー　サム
일, 이, 삼（漢数詞１、２、３）

ハナ　トゥル　セッ
하나, 둘, 셋（固有数詞１つ、２つ、３つ）

ヨルシ
❶ **열 시**　10時

シボーブン
❷ **십오 분**　15分

イー インブン
❸ **이 인분**　2人前

ハン ゲ
❹ **한 개**　1個

サムシッ プロ
❺ **삼십 프로**　30%

オーチュン
❻ **오 층**　5階

ハン ボン
❼ **한 번**　1回

基本をマスター

❶ 열 시　10時

時間を言うときには固有数詞を使います。1時、2時、3時、4時と11時、12時は固有数詞をちょっと変化させる必要があります（→P.65）。

❷ 십오 분　15分

時間を表す「分」は漢数詞を使います。

❸ 이 인분　2人前

食堂で料理を注文するときに、この「－인분　～人分」を使います。漢数詞で言います。

❹ 한 개　1個

「個」は日本語の「個」とほとんど同じで、比較的広範囲で使える助数詞です。数え方がよくわからないものには、この「個」を使いましょう。

❺ 삼십 프로　30%

「%」は「퍼센트（ポセントゥ）」といいますが、会話ではよく프로（プロ）が使われます。

セールは「－프로（プロ） 세일（セイル）　～%セール」「－프로（プロ） DC（ディシィ）　～%ディスカウント」と表現します。

❻ 오 층　5階

「층（層）」で階数を表します。階数を言うときは漢数詞を使います。韓国では、縁起をかついで４階を「F」と表記するエレベーターを見かけます。漢数詞の「4」사（サ）が「死」사（サ）と同音意義語だからです。

❼ 한 번　1回

回数を言う表現は固有数詞を使います。「初めて」のときは첫 번째（チョッ ポンチェ）と言います。번째（ポンチェ）は「～番目」という意味で、順番を表す助数詞です。２番目以降は固有数詞で表します（→P.64）。

✻使ってみよう✻

CD 33

＊ 数をたずねる「いくつ」몇

몇 시예요?（ミョッ シエヨ） 何時ですか？

몇 분이에요?（ミョッ ブニエヨ） 何名様ですか？／何分ですか？

몇 번이에요?（ミョッ ボニエヨ） 何番ですか？

몇 개예요?（ミョッ ケエヨ） 何個ですか？

몇は「いくつの～」という意味で、数をたずねる疑問文に使います。

単語帳

数を数えるには「하나（ハナ）, 둘（トゥル）, 셋（セッ）, 넷（ネッ）…… 1つ、2つ、3つ、4つ……」という言い方のほかに、名詞によって決められた助数詞を使う表現もあります。代表的なものを見てみましょう。

助数詞のいろいろ

개	한 개（ハン ゲ）	1個	個数を数える「～個」。最近はより広範囲に使うことができるようになりつつある
명	두 명（トゥミョン）	2人	人を数える「～名」
잔	세 잔（セ ジャン）	3杯	ビールやコーヒーなど、飲み物を数える「～杯」
벌	네 벌（ネ ボル）	4着	服や着物を数える「～着」
마리	다섯 마리（タソン マリ）	5匹	生き物を数える「～匹」
병	여섯 병（ヨソッピョン）	6本	ビールや飲料水など瓶を数える「～本」
장	일곱 장（イルゴプッチャン）	7枚	紙やチケットなどを数える「～枚」
일	팔일（パリル）	8日	日を数える「～日」

数字の読み方

CD 34

ハングルには、漢数詞（1、2、3……）と固有数詞（1つ、2つ、3つ……）があります。おもに、電話番号や料金を言うときなどには漢数詞、ものを数えるときなどには固有数詞を使います。

例）5,000원（オーチョヌォン） 5,000ウォン
　　5개（タソッケ） 5つ

漢数詞

0から9まで

0	1	2	3	4
영/공（ヨン コン）	일（イル）	이（イー）	삼（サム）	사（サー）
5	6	7	8	9
오（オー）	육（ユク）	칠（チル）	팔（パル）	구（ク）

영は零（レイ）、공はゼロにあたります。

例）0.5 (영점오（ヨンチョモー）)＝れいてんご、007（공공칠（コンゴンチル））＝ゼロゼロセブン

＊6には3つの読み方があります。

①語頭では［육（ユク）］

例）625［육이오（ユクイオ）→ 유기오（ユギオ）］朝鮮戦争（6月25日に勃発したことから）

②母音やㄹパッチムの後では［륙（リュク）］

例）五六도　［오륙또（オリュクト）］五六島：釜山の近海にある島

③ㄹ以外のパッチムの後ろでは［뉵（ニュク）］

例）16［심뉵（シムニュク）］（10［십（シプ）］のㅂパッチムは次にくるㄴと鼻音化して、［ㅁ］の音になる）

10から100まで

10	20	30	40	50
십（シプ）	이십（イーシプ）	삼십（サムシプ）	사십（サーシプ）	오십（オーシプ）
60	70	80	90	100
육십（ユクシプ）	칠십（チルシプ）	팔십（パルシプ）	구십（クシプ）	백（ペク）

1,000から1億まで

1,000	10,000	10万	100万	1億
チョン 천	マン 만	십만 シムマン [심만]	백만 ペンマン [뱅만]	일억 イロク [이럭]

＊10万、100万は鼻音化しています（→P.23）。

固有数詞

1から99まで言うことができます。年齢を言うときなどに使われます。

1から10まで

1つ	2つ	3つ	4つ	5つ
ハナ ハン 하나/한	トゥルトゥ 둘/두	セッ セ 셋/세	ネッ ネ 넷/네	タソッ 다섯
6つ	7つ	8つ	9つ	10
ヨソッ 여섯	イルゴプ 일곱	ヨドル 여덟	アホプ 아홉	ヨル 열

1－4までは、次に助数詞（物を数える単位）がくると、「한,두,세,네……」となります。

例） 1個（한 개）

11から20まで

11	12	13	14	15
ヨルハナ ヨラン 열하나/열한	ヨルトゥル ヨルトゥ 열둘 / 열두	ヨルセッ ヨルセ 열셋/열세	ヨルレッ 열넷 [열렌] / ヨルレ 열네 [열레]	ヨルタソッ 열다섯
16	17	18	19	20
ヨルリョソッ 열여섯 [열려섣]	ヨリルゴプ 열일곱 [여릴곱]	ヨルリョドル 열여덟 [열려덜]	ヨラホプ 열아홉	スムル スム 스물/스무

30から99まで

30	40	50	60	70
ソルン 서른	マフン 마흔	シィン 쉰	イェスン 예순	イルン 일흔
80	90	99		
ヨドゥン 여든	アフン 아흔	アフンアホプ 아흔아홉		

順番を言う数字

1番目	2番目	3番目	4番目	5番目
チョッポンチェ 첫 번째 / チョッチェ 첫 째	トゥ ポンチェ 두 번째/ トゥルチェ 둘 째	セ ポンチェ 세 번째 / セッチェ 셋째	ネ ポンチェ 네 번째 / ネッチェ 넷째	タソッ ポンチェ 다섯 번째 / タソッチェ 다섯째
6番目	7番目	8番目	9番目	10番目
ヨソッ ポンチェ 여섯 번째	イルゴッポンチェ 일곱 번째	ヨドル ポンチェ 여덟 번째	アホッ ポンチェ 아홉 번째	ヨルッポンチェ 열 번째

月の言い方

1月	2月	3月	4月	5月	6月
イルウォル 일 월	イー ウォル 이 월	サムウォル 삼 월	サー ウォル 사 월	オー ウォル 오 월	ユ ウォル 유 월
7月	8月	9月	10月	11月	12月
チ ルオル 칠 월	パ ルオル 팔 월	ク ウォル 구 월	シ ウォル 시 월	シ ビ ルオル 십일 월	シビーウォル 십이 월

漢数詞＋월(月)が基本ですが、6月と10月は（漢数詞の形とは違うので）注意が必要です。

時間の言い方

1時	2時	3時	4時	5時	6時
ハン シ 한 시	トゥ シ 두 시	セ シ 세 시	ネ シ 네 시	タソッ シ 다섯 시	ヨソッ シ 여섯 시
7時	8時	9時	10時	11時	12時
イルゴプ シ 일곱 시	ヨドォル シ 여덟 시	アホプ シ 아홉 시	ヨル シ 열 시	ヨラン シ 열한 시	ヨルトゥ シ 열두 시

10分	20分	30分	40分	50分	半
シッ プン 십 분	イーシッ プン 이십 분	サムシッ プン 삼십 분	サーシッ プン 사십 분	オーシッ プン 오십 분	パン 반

数に関する聞き方の表現

CD 35

センイリ ミョドルミョッチ リ エ ヨ
생일이 **몇월 며칠**이에요？　誕生日は**何月何日**ですか？

シウォル クイリ ムスン ナ リ エ ヨ
10월 9일이 **무슨 날**이에요？　10月9日は**何の日**ですか？

ムスン ニョイ リ エ ヨ
무슨 요일이에요？　**何曜日**ですか？

ヒョンジェガ ミョチエヨ
형제가 **몇이에요**?　兄弟が**何人ですか**？

イ ゲ オルマ エ ヨ
이게 **얼마**예요?　これは**いくら**ですか？

チグム ミョッ シ エ ヨ
지금 **몇 시**예요?　いま、**何時**ですか？

ミョッサ リ エ ヨ ヨンセガ オットケ トェセヨ
몇 살이에요? / **연세가 어떻게 되세요**?　**何歳**ですか？/**お歳はおいくつですか**？

読んでみよう

CD 36

①電話番号　03-3983-3225

②生年月日　1958년 1월23일

③値段　1600원（1600ウォン）

④年齢　18살（18歳）

仁寺洞（インサドン）

通りには韓定食の食堂が数多く並んでいる。定食の価格は数万～数十万ウォンと幅広い。

第2章

自分をわかってもらうための表現

表現 11

希望を伝える

CD 37

テクシ　プタカムニダ
택시 부탁합니다.
タクシーをお願いします。

1. テクシ　プタカムニダ
   택시 부탁합니다.　タクシーをお願いします。

2. ファジャンプヌル　サゴ　シプンデヨ
   화장품을 사고 싶은데요.
   化粧品を買いたいのですが。

3. コチ　カバンイ　カッコ　シポヨ
   코치 가방이 갖고 싶어요.
   コーチのバッグが欲しいです。

4. アンネヘ　ジュショッスミョン　チョッケッソヨ
   안내해 주셨으면 좋겠어요.
   案内していただけたらうれしいです。

5. エステガ　チョワヨ
   에스테가 좋아요.　エステがいいです。

基本をマスター

❶ 택시 부탁합니다. タクシーをお願いします。

「－부탁합니다（ブタカムニダ）」で「～（を）お願いします」です。電話をかけて「－씨 부탁합니다. ～さんお願いします」と相手に取り次いでもらうときにも使えます。この表現で「룸 서비스（ルーム ソビス） ルームサービス」や「모닝콜（モニングコル） モーニングコール」「환전（ファンジョン） 両替」もお願いできますね。

❷ 화장품을 사고 싶은데요. 化粧品を買いたいのですが。

「したい」と願望を表す 고 싶다 はそのまま使うとちょっときつい表現になるので、「－ㄴ/은데요. ～のですが」と語調をやわらげる文末表現とセットで使うと、相手に不快な気持ちを与えず、やんわりとしたお願いの表現になります。

❸ 코치 가방이 갖고 싶어요. コーチのバッグが欲しいです。

갖고 싶다（カッコ シプタ） は「持ちたい、所有したい」という意味で、日本語の「欲しいです」にあたります。誰かに買ってもらいたいときには、この表現でねだってみるのはいかがでしょうか。

ブランド物は「명품（ミョンプン） 名品」と言います。

❹ 안내해 주셨으면 좋겠어요. 案内していただけたらうれしいです。

주시다「くださる」の語幹に었으면「～たら」がついて「－주셨으면 ～くださったら、いただけたら」となります。「좋겠어요 うれしいです、いいなと思います」がつくと願望を表すことができます。

例）

한류스타하고（ハルリュスタハゴ） 결혼했으면（キョロネッスミョン） 좋겠어요（チョッケッソヨ）. 韓流スターと結婚できればいいなあと思います。

다시（タシ） 나에게（ナエゲ） 돌아왔으면（トラワッスミョン） 좋겠다（チョッケッタ）. もう一度私のところに戻ってきてくれればいいのに。

❺ 에스테가 좋아요. エステがいいです。

「가/이 좋아요 ～（のほう）がいい」と言うときの表現です。たとえば「エステにするか、サウナにするか」とたずねられて、「エステ」と答えるときの言い方です。

ちょっとだけ文法

陽母音と陰母音

韓国語の母音には陽母音（ㅗ,ㅏ,ㅑ,ㅛなど）と陰母音（ㅜ,ㅓ,ㅕ,ㅠなど）があります。この母音の種類によって活用を使い分けます（厳密には中性母音もありますが、ここでは陰母音に含めます）。

用言の語幹と活用

韓国語の用言（活用する単語）はすべて「～**다**」で終わります。活用させるためには必ずこの「**다**」をとります。「**다**」をとって残った部分を「語幹」といいますが、韓国語は、この語幹末の母音が陽母音か陰母音か、または語幹末にパッチムがあるかないかなどによって活用のしかたが変わります。

例

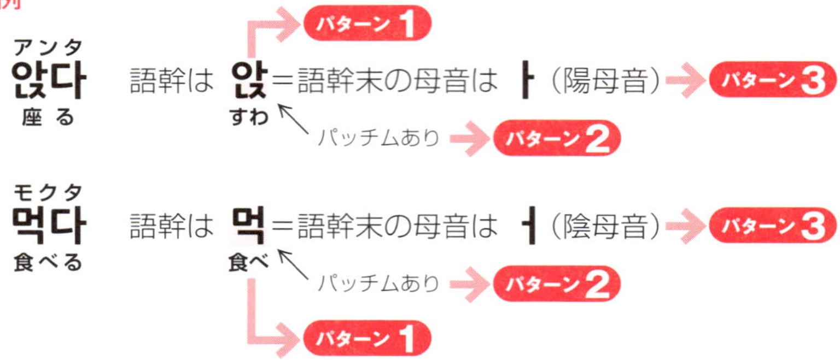

パターンは３つだけ！

韓国語の活用は用いたい語尾に合わせて、語幹末を３つのパターンの１つに変化させるだけ！ 本当に簡単です。

パターン1 「ダ」をとった語幹末にそのまま語尾をつけるパターン。

例

먹다(モクッタ) 食べる　먹죠?(モクッチョ) 食べますよね？　먹고 싶어요.(モッコ シポヨ) 食べたいです。

パターン2 語幹末にパッチムがあるかないかで選ぶパターン。あれば 으 をつける。

例

앉다 座る　語幹 앉(すわ)＝語幹末にパッチムあり → 앉으세요.(アンジュセヨ) 座ってください

가다 行く　語幹 가(い)＝語幹末にパッチムなし → 가세요.(カセヨ) 行ってください

パターン3 語幹末の母音が陽母音か陰母音か、－하(다)（ハダ）かによって選ぶパターン。それぞれ 아(ア)、어(オ)、해(ヘ) をつける。

例

앉다 座る　語幹は 앉(すわ)＝語幹末の母音は ㅏ（陽母音）→ 活用は 앉아요(アンジャヨ) 座ります

먹다 食べる　語幹は 먹(食べ)＝語幹末の母音は ㅓ（陰母音）→ 活用は 먹어요(モゴヨ) 食べます

안내하다(アンネハダ) 案内する　語幹は 안내하(案内す)＝語幹末は 하 → 活用は 안내해요(アンネヘヨ) 案内します

縮約形　さらに母音が縮約したり合体します。

가다(カダ) 行く　語幹は 가(行き) ＋아요 → 가아요　ㅏがダブるので１つに → 가요(カヨ) 行きます

서다(ソダ) 立つ　語幹は 서(立ち) ＋어요 → 서어요　ㅓがダブるので１つに → 서요(ソヨ) 立ちます

마시다(マシダ) 飲む　語幹は 시(飲み) ＋어요 → ㅣとㅓはㅕにまとめる → 마셔요(マショヨ) 飲みます

CD 38

✱ やってみよう ✱

正しいほうに○をつけてヘヨ体にしてください。

①저는 일본에 살（아요 / 어요 / 해요）.
私は日本に住んでいます。

②호텔은 멀（아요 / 어요 / 해요）.　ホテルは遠いです。

③한국어를 공부（아요 / 어요 / 해요）.
韓国語を勉強しています。（공부하다　勉強する）

✱使ってみよう✱

CD 39

＊ 食堂で

ムォル トゥリルカヨ
A 뭘 드릴까요?　何をさしあげましょうか？

ピビムパプ* イリンブン** ジュセヨ
B 〈비빔밥〉〈1인분〉 주세요.
{ビビンバ} を {1人前} ください。

単語帳

韓国料理②

＊

ピビムパプ
비빔밥　ビビンバ

カルビ
갈비　カルビ

ネンミョン
냉면　冷麺

キムチッチゲ
김치찌개　キムチチゲ

＊＊

イ リンブン
일 인분　1人前

イー インブン
이 인분　2人前

サ ミンブン
삼 인분　3人前

表現を増やそう

CD 40

その他の食堂での表現

メニュパン ジョム ポ ヨ ジュ セ ヨ
메뉴판 좀 보여 주세요. メニューを見せてください。

チュ ム ニ ヨ
주문이요. 注文をお願いします。

チョッカラク ジュ セ ヨ
젓가락 주세요. お箸をください。

アプチョプシ ジュ セ ヨ
앞접시 주세요. 取り皿ください。

コンギッパプ ジュ セ ヨ
공깃밥 주세요. ごはんください。

白いごはんは공깃밥。焼肉店ではたいてい別注文になります。

こんな表現も……

ポ ヨ ジュ セ ヨ
보여 주세요. 見せてください。

ッソ ジュ セ ヨ
써 주세요. 書いてください。

カ ル チョ ジュ セ ヨ
가르쳐 주세요. 教えてください。

P.72答え ①**아요** ②**어요** ③**해요**

表現 12 感情を伝える

CD 41

ノム　キッポヨ
너무 기뻐요.
とてもうれしいです。

1. ノム　キッポヨ
   너무 기뻐요.　とてもうれしいです。

2. テダナシネヨ
   대단하시네요.　すばらしいですね。

3. アシィムネヨ
   아쉽네요.　残念ですね。

4. ソプソペヨ
   섭섭해요.　さびしいです。

5. モッチダ
   멋지다！　すてき！

基本をマスター

❶ 너무 기뻐요.　とてもうれしいです。

너무（ノム）は「とても、たいへん」という意味で、この表現はうれしいときやお礼を言うときに使います。

「아주（アジュ）　とても」、「정말（チョンマル）　本当に」などにも入れ替えて、どんどん使ってみましょう。

❷ 대단하시네요.　すばらしいですね。

相手をほめるときの表現です。すごい、偉い、立派だ、という気持ちを表します。

「－네요（ネヨ）　～ですね」は感動を表す表現です。日本語がうまいときには「일본어（イルボノ） 잘（チャル） 하시네요（ハシネヨ）.　日本語、お上手ですね」とほめてあげましょう。

❸ 아쉽네요.　残念ですね。

아쉽다（アシプタ）は「惜しい、残念だ」という意味です。「もうちょっとだった」というときや、「別れがきて残念だ」というときに使います。

❹ 섭섭해요.　さびしいです。

いなくてさびしい、という意味です。同じような表現に「슬퍼요（スルポヨ）.　悲しいです」もあります（辞書形はそれぞれ 섭섭하다（ソプソプハダ）、슬프다（スルプダ）です）。

❺ 멋지다！　すてき！

人や物に対してかっこよくておしゃれだと思ったときや、独り言のように言うときに使います。

「かっこいい」という意味もあるので、主に男性に対して使用されてきましたが、最近では女性にも使われるようです。女性には「예뻐요（イェッポヨ）.　かわいい／きれいだ」というほめ言葉もよく使われます。

ちょっとだけ
文法

変則活用（１）

表現１１で用言の活用の３タイプを紹介しましたが、韓国語にはそのほかに不規則な活用をする変則用言と呼ばれるものがあります。ここではその代表的なものを紹介しておきます。

ㅂ 変則

語幹末に ㅂ パッチムのある用言は、ㅂ のあとに母音がくると、ㅂ が落ちて **우** がつく(例外あり)。

例

맵다(メプタ)（辛い）＝**맵** ＋ **어요**（です）→ **매워요**(メウォヨ)（辛いです）

맵 ＋ **으면**（れば）→ **매우면**(メウミョン)（辛ければ）

으 変則

語幹末に **으** がある用言は、そのあとに **아/어** がつくと、**으** のもう１つ前の母音の陽陰によって**아**か**어**を選択する。**으**の母音は消える。

例　ヘヨ体（**아요/어요** をえらぶ）をつくる場合

예쁘다(イェップダ)（かわいい）の語幹は **예쁘** ＝語幹末に **ー**があるのでもう１つ前の**예**を見る → 母音は **ㅖ** ＝陰母音なので**어요**がつく → **예뻐요**(イェッポヨ)（かわいいです）

練習問題

（　）の中をヘヨ体（**아요/어요** をえらぶ）に変えてみましょう。

1　**역에서**(ヨゲソ)（**가깝다**(カッカプタ)）　駅から近いです。

2　**오늘은**(オヌルン)（**바쁘다**(パップダ)）　今日は忙しいです。

ㄷ 変則

語幹末に ㄷ パッチムのある用言は、ㄷ のあとに母音がくると ㄷ が ㄹ に変化する（例外あり）。

例

듣다（トゥッタ）（聞く）＝**듣**＋**어요**（**으**は陰母音なので**어요**） → **들어요**（聞きます）
듣＋**으면** → **들어면**（聞けば）

르 変則

語幹末に **르** がある用言は、**르** のあとに **아/어** がくると、1つ前の母音の種類によって、**르** が **ㄹ라** か **ㄹ러** に変わる。**르** は落ちる（例外あり）。

例 ヘヨ体（**아요/어요** をえらぶ）をつくる場合

빠르다（ッパルダ）(速い）の語幹は **빠르**＝語幹末に **르** があるのでもう1つ前の **빠** を見る→母音は **ㅏ** ＝陽母音なので **ㄹ라요**がつく→ **빨라요**(速いです)

練習問題

（　）の中をヘヨ体に変えてみましょう（答えはP.79）。

1 **집까지**（チブカジ）（**걷다**（コッタ））　家まで歩きます。
2 **잘**（チャル）（**모르다**（モルダ））　よくわかりません。

これら4つの変則は、後ろに**으**や**아/어**の母音が来るときに変則的な活用を起こすのでP.71のパターン2もしくはパターン3のような活用を必要とする語尾〈(**으**)**면**,(**으**)**세요**や **아/어요** など〉のときに注意が必要です。

P.76 答え　1 **가까워요**（カッカウォヨ）　2 **바빠요**（パッパヨ）

CD 42

＊言ってみよう＊

예뻐요.（イェッポヨ）　かわいいです。
추워요.（チュウォヨ）　寒いです。　더워요.（トウォヨ）　暑いです。
매워요.（メウォヨ）　辛いです。　행복해요（ヘンボケヨ）　幸せです。
슬퍼요.（スルポヨ）　かなしいです。

✱使ってみよう✱

CD 43

✱ 性格を表す

チョヌン ソンキョギ クベヨ
A 저는 성격이 〈급해요〉. 私は（性格が）{せっかちです}。

クレヨ チョヌン ヌグッタン ピョニエヨ
B 그래요? 저는 〈느긋한〉 편이에요.
そうですか？ 私は {おっとりしている} ほうです。

クレソ ウリヌン チャル オウルリョヨ
A 그래서 우리는 잘 어울려요. だから私たちは合うんですよ。

チョヌン ナチュル マニ カリョヨ
저는 〈낯을 많이 가려요〉. 私はとても {人見知りします}。

単語帳

性格を表す形容詞

급하다（クパダ）	せっかちだ	⇔	느긋하다（ヌグタダ）	おっとりしている	
급해요（クペヨ）	せっかちです	⇔	느긋해요（ヌグテヨ）	おっとりしています	
낯을 가리다（ナチュル カリダ）	人見知りする		낯을 가려요（ナチュル カリョヨ）	人見知りします	
꼼꼼하다（コムコマダ）	几帳面だ	착하다（チャカダ）	まじめ(善良)だ	친절하다（チンジョラダ）	親切だ
꼼꼼해요（コムコメヨ）	几帳面です	착해요（チャケヨ）	まじめです	친절해요（チンジョレヨ）	親切です
사교적이다（サギョチョギダ）	社交的だ		낙관적이다（ナックァンチョギダ）	楽観的だ	
사교적이에요（サギョチギエヨ）	社交的です		낙관적이에요（ナックァンチョギエヨ）	楽観的です	
부드럽다（プドゥロプタ）	柔らかい(穏やかだ)	⇔	까칠하다（ッカチラダ）	トゲトゲしい、荒い	
부드러워요（プドゥロウォヨ）	柔らかい(穏やかです)	⇔	까칠해요（ッカチレヨ）	トゲトゲしい、荒いです	
건방지다（コンバンジダ）	生意気だ		건방져요（コンバンジョヨ）	生意気です	

＊ 風貌を表す

ウリ オッパヌン ノム ットゥンットゥンヘヨ
A 우리 오빠는 너무 〈뚱뚱해요〉.
うちの兄はとても｛太っています｝。

クレヨ クンデ トンセンウン ナルシナ ネヨ
B 그래요? 근데 동생은 〈날씬하〉 네요.
そうですか？ でも妹さんは｛やせています｝ね。

イ カスヌン オルッチャンイジャナヨ
A 이 가수는 얼짱이잖아요? この歌手はイケメンじゃないですか？

チョヌン オルッチャンボダ モムッチャンイ チョアヨ
B 저는 얼짱보다 몸짱이 좋아요.
私はイケメンより身体つきの良いのが好きです。

짱は「最高だ」の意味。**얼**は顔（**얼굴**）。**몸**は身体のことです。

単語帳

風貌を表す形容詞

ットゥンットゥンハダ **뚱뚱하다**	太っている	モッチダ **멋지다**	ステキだ
ナルシナダ **날씬하다**	やせている	モッセンギョッタ **못생겼다**	不細工だ
スタイリ チョッタ **스타일이 좋다**	スタイルがいい	スタイリ ナップダ **스타일이 나쁘다**	スタイルが悪い
キガ クダ **키가 크다**	背が高い	タリガ キルダ **다리가 길다**	足が長い
キガ チャクタ **키가 작다**	背が低い	タリガ チャルタ **다리가 짧다**	足が短い
モリガ キルダ **머리가 길다**	髪の毛が長い	オルグリ クダ **얼굴이 크다**	顔が大きい
モリガ チャルタ **머리가 짧다**	髪の毛が短い	オルグリ チャクタ **얼굴이 작다**	顔が小さい

P.77答え 1 **걸어요**（コロヨ） 2 **몰라요**（モルラヨ）

表現 13
予定を伝える

ル　ウル　コエヨ
ー ㄹ /을 거예요.
～するつもりです。

ソウレ カル コエヨ
1 서울에 갈 거예요.　ソウルに行くつもりです。

ネイル ムォ ハル コムニカ
2 내일 뭐 할 겁니까？
明日、何をするつもりですか？

ネンミョヌル モグロ カル コムニダ
3 냉면을 먹으러 갈 겁니다.
冷麺を食べに行くつもりです。

ネイル チュルバラル イェジョンイムニダ
4 내일 출발할 예정입니다.
明日出発する予定です。

イリョイレ エステエ カリョゴ ヘヨ
5 일요일에 에스테에 가려고 해요.
日曜日にエステに行こうと思います。

基本をマスター

❶ 서울에 갈 거예요.　ソウルに行くつもりです。

「-ㄹ/을 거예요　～するつもりです」という意味です。

＊語幹末にパッチム（→P.20）ありのときは「을 거예요」がつきます。

서울에서(ソウレソ) 갈비를(カルビルル) 먹을 거예요(モグル コエヨ).　ソウルでカルビを食べるつもりです。(먹다(モクタ)　食べる)

語幹末がㄹパッチムのときはㄹをとって ㄹ거예요 がつきます。

떡볶이를(トッポッキルル) 만들 거예요(マンドゥル コエヨ).　トッポギをつくるつもりです。(만들다(マンドゥルダ)　つくる)

❷ 내일 뭐 할 겁니까？　明日、何をするつもりですか？

相手の計画をたずねる表現です。目上の相手には「내일(ネイル) 뭐(ムォ) 하실(ハシル) 겁니까(コムニカ)?　明日は何をなさる予定ですか？」と、尊敬の「시」を入れてたずねるようにしましょう。

❸ 냉면을 먹으러 갈 겁니다.　冷麺を食べに行くつもりです。

-ㄹ/을 겁니다 はより丁寧な表現です。

-(으)러 가다 で「～しに行く」という意味です。-(으)러は「～しに」と目的を表す表現で、この後ろには「行く」「来る」など、移動を表す動詞がつきます。

❹ 내일 출발할 예정입니다.　明日出発する予定です。

「-ㄹ/을 예정입니다.　～する予定です」の「예정　予定」を「작전(チャクチョン)　作戦」「생각(センガク)　考え」に入れ替えても、同じような意味を表すことができます。

❺ 일요일에 에스테에 가려고 해요.
日曜日にエステに行こうと思います。

-(으)려고 해요 は「～しようと思う」という意味で、目的を表します。前にくる動詞の語幹末にパッチムがあるときには「으」をつけますが、ㄹパッチムのときには要りません。また、会話では［(으)(ウ)ㄹ려고(ルリョゴ) 해요(ヘヨ)］と発音されることが多いようです。

ちょっとだけ
文法

ハムニダ（합니다）体のつくり方

ヘヨ体のつくり方は、P.71のパターン３で紹介しました。ここでは、同じ「ですます」体でも、よりかしこまった場面で使われる「ハムニダ」体のつくり方を紹介しましょう。

語幹末にパッチムがない → **ㅂ니다** をつける
語幹末にパッチムがある → **습니다** をつける
語幹末にㄹパッチムがある → **ㅂ니다** をつける（ㄹパッチムは落ちる）

例

가다(行く)語幹末は**가**(パッチム無)＋**ㅂ니다** → **갑니다**(行きます)
먹다(食べる)語幹末は**먹**(パッチム有)＋**습니다** → **먹습니다**(食べます)
살다(住む)語幹末は**살**(ㄹパッチム)＋**ㅂ니다** → **삽니다**(住みます)

疑問文は最後の「**다**(タ)」を「**까**(ッカ)？」にすればOKです。

例

먹습니다.(モクスムニダ)（食べます）　**먹습니까?**(モクスムニカ)（食べますか？）

✳使ってみよう✳

CD 45

＊ 予定を伝える

A **내일은 어디에 갈 거예요?**（ネイルン オディエ カル コエヨ） 明日はどこへ行くつもりですか？

B **〈북촌마을〉에 가려고 해요. / 〈북촌마을〉에 갈 거예요.**（ブクチョンマウレ カリョゴ ヘヨ / ブクチョンマウレ カル コエヨ）
{北村マウル} へ行こうと思います。／行くつもりです。

単語帳

観光地・観光スポット

ナムデムン 남대문	南大門	
トンデムン 동대문	東大門	
クァンファムン 광화문	光化門	
キョンボックン 경복궁	景福宮	
ピウォン 비원	秘苑	
ソウルタウォ 서울타워	ソウルタワー	
ミョンドン 명동	明洞	
インサドン 인사동	仁寺洞	
ブクチョンマウル 북 촌 마을	ブクチョン 北村マウル	
シンチョン 신촌	新村	
ホンデイプク 홍대입구	弘大入口	
ユクサムビルディン 63 빌딩	63 ビル	
ヨイド 여의도	ヨイド 汝矣島	
カロスキル 가로수길	街路樹通り	
ロッテウォルドゥ 롯데월드	ロッテワールド	
カジノ 카지노	カジノ	
ミンソクチョン 민속촌	民俗村	
カンファド 강화도	江華島	

column

観光地ソウルの見どころ

ソウルはエリアごとに楽しみがあります。大小１００以上の劇場がそろっている大学路、化粧品やファッションの街として古くから知られる明洞、若者の集まるライブハウスが人気の弘大周辺などです。あまり時間がなくて短時間でショッピングをすませたいならロッテデパートの地下がおすすめ。キムチからマッコリまで、韓国の食料品ならほとんどのものが手ごろな価格でそろいます。

表現
14 必要性を訴える

CD 46

ア　オ ヤ　ドェムニダ
－아 / 어야 됩니다
～しなければなりません。

コンブルル　ヘヤ　ドェムニダ
1. 공부를 해야 됩니다.
   勉強(を)しなければなりません。

ネイル　イルチク　ットナヤ　ヘヨ
2. 내일 일찍 떠나야 해요.
   明日、早く出発しなければなりません。

カ　バヤゲッソヨ
3. 가 봐야겠어요.　行かなくてはなりません。

ヨックォニ　ピリョヘヨ
4. 여권이 필요해요.　パスポートが必要です。

タンシニ　オプスミョン　アン　ドェヨ
5. 당신이 없으면 안 돼요.
   あなたがいないとだめなんです。

基本をマスター

❶ 공부를 해야 됩니다. 勉強(を)しなければなりません。

－아/어야 됩니다. は「～しなければなりません」という意味。－아/어야 합니다. という表現もあります。2つとも、少々硬い表現です。用言の語幹末が陽母音（ㅏㅑㅗ）のときは 아야 됩니다 、陽母音以外のときは 어야 됩니다 が、－하다のときには 해야 됩니다 がつきます。

❷ 내일 일찍 떠나야 해요. 明日、早く出発しなければなりません。

－아/어야 해요. は「～しなければなりません」で、①より多少くだけた言い方です。似たような表現に －아/어야 돼요. があります。

❸ 가 봐야겠어요. 行かなくてはなりません。

－아/어야겠어요. は「～しなければいけないようです」という意味。遠まわしに「～させてください」というメッセージを相手に伝えます。

❹ 여권이 필요해요. パスポートが必要です。

「필요하다（ピリョハダ） 必要だ」は形容詞で、「－가/이 필요하다 ～が必要だ」と言います。

名詞を修飾するなら「필요한（ピリョハン） 必要な～」、よりかしこまったハムニダ体で言うなら 필요합니다（ピリョハムニダ）、友人にはパンマルの 필요해（ピリョヘ）.でＯＫです。

❺ 당신이 없으면 안 돼요. あなたがいないとだめなんです。

「－으면 안 되다（～てはだめだ）」は仮定法－(으)면を使った表現で、前の語幹にパッチムがないときや ㄹパッチムのときには으が省略されます。「없으면 안 돼요. いないとだめです」＝「있어야（イッソヤ） 돼요（ドェヨ）. いなくてはなりません」。「당신이 あなたが」をつければプロポーズの場面などでよく使われる表現です。

ちょっとだけ
文法

仮定を表す「－(으)면　～なら」

－(**으**)**면**は「なら、たら、ば」という仮定を表します。まだ起こっていないことについて使われます。命令や勧誘などの表現を伴って使われることが多いようです。

例

シガニ イッスミョン ウリ チベ オセヨ
시간이 있으면 우리 집에 오세요.　時間があるなら、うちにいらしてください。

ナルシガ チョウミョン トゥンサヌル カプシダ
날씨가 좋으면 등산을 갑시다.　天気がよければ、登山に行きましょう。

ネイル ピガ オミョン コンウォネヌン アン ガルケヨ
내일 비가 오면 공원에는 안 갈게요.　明日雨が降ったら公園には行きません。

「名詞＋なら」の場合には（**이**）**라면**を使います。

例

ユヂャチャラミョン イゲ マシッソヨ
유자차라면 이게 맛있어요.　ゆず茶ならこれがおいしいです。

トクサクリミラミョン チョ カゲガ チョアヨ
독사크림이라면 저 가게가 좋아요.　毒蛇クリームならあの店がいいです。

OKを表す「되다（トェダ）」

必要性や義務、許可などの表現のほかにも、「結構です」「いいです」のようなフレーズに幅広く使われる動詞です。

タムベルル ピウォド トェヨ
담배를 피워도 돼요.　タバコを吸ってもいいです。

✱使ってみよう✱

CD 47

＊ ～しようとするなら

－(으)려면＝「(으)려고　しようと」＋「하면　するなら」

コンソトゥエ カ　リョミョン　オットケ　ヘヤ　ドェヨ
A 〈콘서트에 가〉 려면 어떻게 해야 돼요?
{コンサートに行こうとする} なら（行きたいなら）、どうしなければなりませんか？

ケイビエスホルロ　ウロ* カ　ボセヨ
B 〈K B S 홀〉로 / 으로 가 보세요.
{KBSホール} に行ってみてください。

単語帳

観光する

콘서트에 가(다)（コンソトゥエ カ ダ）	コンサートに行く	표를 사(다)（ピョルル サ ダ）	切符を買う
연극을 보(다)（ヨンググル ポ ダ）	演劇を見る	화장품을 사(다)（ファジャンプムル サ ダ）	化粧品を買う
선물을 사(다)（ソンムルル サ ダ）	お土産を買う		

＊로　＊으로

매표소（メピョソ）	チケット売り場	롯데백화점（ロッテペックァジョム）	ロッテデパート		
대학로（テハンノ）	大学路	신라면세점（シルラミョンセジョム）	新羅免税店	명동（ミョンドン）	明洞

表現 15

好き嫌いを伝える

CD 48

ルル　ウル　チョアヘヨ
－를/을 좋아해요.
～が好きです。

チョン ピビムパプル　チョアヘヨ
1 전 비빔밥을 좋아해요.
私はビビンバが好きです。

ピジャガ　チョアヨ
2 피자가 좋아요.　ピザが好きです。

チョアハヌン　ウマグン　ビバルディエ　サゲ　ジョ　リエヨ
3 좋아하는 음악은 비발디의 사계(절)이에요.
好きな音楽はビバルディの四季です。

アンソンギ　シ　ペニムニダ
4 안성기 씨 팬입니다.
アン・ソンギさんのファンです。

ムォル　チョアハセヨ
5 뭘 좋아하세요？　何がお好きですか？

アン　ジョアエヨ
6 안 좋아해요.　好きじゃありません。

発音ワンポイント

좋아해요（チョアヘヨ） は早く言うと［チョアエヨ］と聞こえます。

基本をマスター

❶ 전 비빔밥을 좋아해요. 私はビビンバが好きです。

전 は「저는(チョヌン) 私は」の縮約形。「〜が好きです」は「－를/을 좋아해요 〜を好きです」を使って表せます。より丁寧な表現に「－를/을 좋아합니다(チョアハムニダ)」があります。

❷ 피자가 좋아요. ピザが好きです。

同じく、「〜が好きだ」と言う表現には －가/이 좋아요. があります。２つの助詞が違うので使い分けに注意しましょう。より丁寧な表現に 좋습니다(チョッスムニダ). があります。

❸ 좋아하는 음악은 비발디의 사계(절)이에요. 好きな音楽はビバルディの四季です。

「좋아하는(チョアハヌン)」は「好きな〜」という表現です。「음악(ウマク) 音楽」の代わりに「스포츠(スポチュ) スポーツ」「음식(ウムシク) 食べ物」「가수(カス) 歌手」などの単語を入れ替えれば、いろいろな好みを言うことができます。

❹ 안성기 씨 팬입니다. アン・ソンギさんのファンです。

「フルネーム＋ 팬입니다(ペニムニダ)」で「〜のファンです」。「の」にあたる助詞は必要ありません。フルネームの後に「씨〜さん」をつけると、より丁寧な呼び方になります。

❺ 뭘 좋아하세요？ 何がお好きですか？

「좋아하다(チョアハダ) 好きだ」に尊敬の「시(シ)」がついた表現です。尊敬の「시」は自分については使えません。答えるときは「－를/을 좋아해요. 〜が好きです」と言います。注意しましょう。

❻ 안 좋아해요. 好きじゃありません。

用言を否定する 안を 좋아해요. の前におくと、「好きではありません」の意味になります。

ちょっとだけ文法

〜が好きです

「〜が好きです」には좋아요（チョアヨ）（좋다（チョタ）「好きだ」），좋아해요（チョアヘヨ）（좋아하다（チョアハダ）「好む」）を使った表現があります。

〜が好きです。　－가（カ） / 이（イ） 좋아요（チョアヨ）.　（直訳「〜が好きです」）
　　　　　　　　－를（ルル） / 을（ウル） 좋아해요（チョアヘヨ）.　（直訳「〜を好みます」）
　　　　　　　　↑ －를 / 을を使うことに注意しましょう。

どちらもよく使われる表現です。

例

冷麺が好きです。　**냉면이（ネンミョニ） 좋아요（チョアヨ）. / 냉면을（ネンミョヌル） 좋아해요（チョアヘヨ）.**

同様に、「〜が嫌いです」という表現にも2つあります。

〜が嫌いです。　－가（カ） / 이（イ） 싫어요（シロヨ）.　（直訳「〜が嫌いです」）
　　　　　　　　－를（ルル） / 을（ウル） 싫어해요（シロヘヨ）.（直訳「〜を嫌がります」）

例

辛いものが嫌いです。　**매운（メウン） 것이（ゴシ） 싫어요（シロヨ）. / 매운（メウン） 것을（ゴスル） 싫어해요（シロヘヨ）.**

✱使ってみよう✱

CD 49

＊ 好みを聞く

A 한국（ハングン） 요리（ニョリ） 중에서（チュンエソ） 뭐가（ムォガ） 제일（チェイル） 좋아요（チョアヨ）?
韓国料理の中で何が一番好きですか？

B 〈삼겹살（サムギョプサリ）〉 이요（ヨ）.　{サムギョプサル（豚の三枚肉）} です。

A 저도（チョド） 너무（ノム） 좋아해요（チョアエヨ）. 같이（カチ） 먹으러（モグロ） 가요（カヨ）.
私も大好きです。一緒に食べに行きましょう。

助詞の使い分け（1）

日本語と同じように「てにをは」を使って文をつくります。

基本的な「てにをは」対照表

	は	が	を	へ、で	に	や
パッチム無	는（ヌン）	가（ガ）	를（ルル）	로（ロ）*	에（エ）	나（ナ）
パッチム有	은（ウン）	이（イ）	을（ウル）	으로（ウロ）		이나（イナ）
	～より	もっと	～しか	から（時間、順番）	で、から（場所）	まで
	보다（ポダ）	더（ト）	밖에（パッケ）	부터（プト）	에서（エソ）	까지（ッカジ）

※ㄹパッチムには로がつきます。

練習問題

1 **저（チョ）（는/은）일본사람입니다（イルボンサラミムニダ）.** 私は日本人です。

2 **비비크림（ビビクリム）（를/을）사요（サヨ）.** ＢＢクリームを買います。

3 **슈퍼（シュポ）（에/에서）갈 거예요（カル コエヨ）.** スーパーに行くつもりです。

4 **냉면（ネンミョン）（보다/부터）갈비가 맛있어요（カルビガ マシッソヨ）.** 冷麺よりカルビがおいしいです。

5 **역（ヨク）（에서/까지）호텔（ホテル）（에서/까지）택시로 가요（テクシロ カヨ）.**
駅からホテルまでタクシーで行きます。

答え 1 **는** 2 **을** 3 **에** 4 **보다** 5 **에서, 까지**

釜山ロッテタウン

プサンの中心、龍頭山公園から見たプサンロッテタウン。
2012年4月現在でも韓国屈指の巨大デパートとして営業中だが、将来はタワーが地上400メートル近くになる予定だという。後ろは影島。

第 3 章

相手にたずねる表現

表現 16

人やものをたずねる

CD 50

イゲ　ムォエヨ

이게 뭐예요 ?

これは何ですか？

イゲ　ムォエヨ

1 이게 뭐예요 ?　これは何ですか？

チョゲ　ムォエヨ

2 저게 뭐예요 ?　あれは何ですか？

イ　コンムルン　ムォエヨ

3 이 건물은 뭐예요 ?　この建物は何ですか？

ヨシダ　ッシヌン　オヌ　ブニセヨ

4 요시다 씨는 어느 분이세요 ?

吉田さんはどの方ですか？

チョナボノガ　ミョッ　ポニエヨ

5 전화번호가 몇 번이에요 ?

電話番号は何番ですか？

基本をマスター

❶ 이게 뭐예요？ これは何ですか？

이게(イゲ) は 이것이(イゴシ)「これは」の縮約形です。뭐 は 무엇 の縮約形で「何」という意味です。パッチムがないので「ですか？」にあたる表現は「예요？(エヨ)」がつきます（パッチムがある場合には이에요がつきます)。答えるときは「이것은(イゴスン)（이건(イゴン)）－예요(エヨ) / 이에요(イエヨ) これは～です」となります。

❷ 저게 뭐예요？ あれは何ですか？

저게 は 저것이「あれは」の縮約形です。答えるときは「저것은(저건) ～입니다.　あれは～です」となります。話し手からも聞き手からも遠く離れているものを指し示すときに使います。

❸ 이 건물은 뭐예요？ この建物は何ですか？

이 は「この」、건물 は「建物」です。건물 にはパッチムがあるので「～は」にあたる助詞には 은 を使います。「あの」は 저、「その」は 그 です。

❹ 요시다 씨는 어느 분이세요？ 吉田さんはどの方ですか？

「～さん」という表現は、名前に－씨 をつけます。ただし、姓＋씨 で呼ぶのは失礼にあたるので、フルネームにつけるか、名前＋씨 にしましょう。

어느 は「どの」、분は「方」。사람「人」よりも丁寧な言い方です。

❺ 전화번호가 몇 번이에요？ 電話番号は何番ですか？

電話番号＝전화번호。発音は「チョナボノ」と覚えてしまいましょう。「몇(ミョッ)」（いくつ）はいろいろな数をたずねるときに使います。「몇 시(ミョッ シ)　何時」、「몇 장(ミョッ チャン)　何枚」etc.（→P.62）。

ちょっとだけ **文法**

韓国語の「こそあど」（1）

日本語と同じように韓国語にも「こそあど」があります。

この	その	あの	どの	この人	その人	あの人	どの人
이（イ）	그（ク）	저（チョ）	어느（オヌ）	이 사람（イ サラム）	그 사람（ク サラム）	저 사람（チョ サラム）	어느 사람（オヌ サラム）
これ	それ	あれ	どれ	こんな	そんな	あんな	どんな
이것（イゴッ） 이거（イゴ）	그것（クゴッ） 그거（クゴ）	저것（チョゴッ） 저거（チョゴ）	어느 것（オヌ ゴッ） 어느 거（オヌ ゴ）	이런（イロン）	그런（クロン）	저런（チョロン）	어떤（オットン）

助詞のついた形とその縮約形

これは	それは	あれは	どれは	これが	それが	あれが	どれが
이것은（イゴスン） 이건（イゴン）	그것은（クゴスン） 그건（クゴン）	저것은（チョゴスン） 저건（チョゴン）	어느 것은（オヌ ゴスン） 어느 건（オヌ ゴン）	이것이（イゴシ） 이게（イゲ）	그것이（クゴシ） 그게（クゲ）	저것이（チョゴシ） 저게（チョゲ）	어느 것이（オヌ ゴシ） 어느 게（オヌ ゲ）
これを	それを	あれを	どれを	これで	それで	あれで	どれで
이것을（イゴスル） 이걸（イゴル）	그것을（クゴスル） 그걸（クゴル）	저것을（チョゴスル） 저걸（チョゴル）	어느 것을（オヌ ゴスル） 어느 걸（オヌ ゴル）	이것으로（イゴスロ） 이걸로（イゴルロ）	그것으로（クゴスロ） 그걸로（クゴルロ）	저것으로（チョゴスロ） 저걸로（チョゴルロ）	어느 것으로（オヌ ゴスロ） 어느 걸로（オヌ ゴルロ）

会話体では縮約形を使うのが一般的です。

「こそあど」の位置的な感覚は日本語とほとんど同じです。しかし、その場に見えないものはすべて「**그**　その」を使います。

그 사람은 지금 어디에 있어요?（ク サラムン チグム オディエ イッソヨ）　あの人はいま、どこにいますか？

✱使ってみよう✱

CD 51

＊ ものをたずねる

A 이게(イゲ) 뭐예요?(ムォエヨ) これは何ですか？

B 그건(クゴン) 〈책갈피(チェッカルピ)〉*예요(エヨ). / 그건(クゴン) 〈연필(ヨンピル)〉*이에요(イエヨ).

↖パッチムなし　↖パッチムあり

それは｛しおり｝です。それは｛鉛筆｝です。

単語帳

身の回りのもの

＊パッチムなし		＊パッチムあり	
책갈피(チェッカルピ)	しおり	연필(ヨンピル)	鉛筆
카드(カドゥ)	カード	볼펜(ボルペン)	ボールペン
봉투(ポントゥ)	封筒	책(チェク)	本
목걸이(モッコリ)	ネックレス	공책(コンチェク)	ノート
귀고리(キィゴリ)	イアリング	수첩(スチョプ)	手帳
피어스(ピオス)	ピアス	메모장(メモジャン)	メモ帳
팔찌(パルチ)	ブレスレット	핸드폰줄(ヘンドゥポンジュル)	携帯ストラップ
열쇠고리(ヨルセコリ)	キーホルダー	지갑(チガプ)	財布

表現 17

場所をたずねる

CD 52

カ　イ　オディエヨ

−가 / 이 어디예요？

〜はどこですか？

ファジャンシリ　オディエヨ

1 **화장실이 어디예요？**　トイレはどこですか？

ヨギガ　ミョンセジョミエヨ

2 **여기가 면세점이에요？**　ここが免税店ですか？

オディ　カセヨ

3 **어디 가세요？**　どこに行きますか？

ヨギガ　オディンジ　アセヨ

4 **여기가 어딘지 아세요？**

ここがどこなのかわかりますか？

イ　クンチョエ　ウチェグギ　イッソヨ

5 **이 근처에 우체국이 있어요？**

この近所に郵便局はありますか？

基本をマスター

❶ 화장실이 어디예요 ?　トイレはどこですか？

直訳すると「トイレがどこですか」となりますが、疑問詞を用いた文で会話を切り出すときには「가/이 が」を使うのが自然です。－가/이 어디예요? で「～はどこですか」という意味になります。

❷ 여기가 면세점이에요 ?　ここが免税店ですか？

「여기가 －예요/이에요? ここが～ですか」で、現在地をたずねる表現になります。単語末にパッチムがある場合には이에요、ない場合には예요の使い分けに注意しましょう。

❸ 어디 가세요 ?　どこに行きますか？

「가다(カダ)　行く」に尊敬を表すヘヨ体の「세요(セヨ)? ～ですか」がついた表現です。「가세요(カセヨ)?　行きますか」にアクセントをつけると、場所をたずねるのではなく「(どこかに) お出かけですか」とあいさつの表現になります。

❹ 여기가 어딘지 아세요 ?　ここがどこなのかわかりますか？

「어딘지　どこなのか」は「어디　どこ」と「인지　～なのか 」の縮約形です。「아세요」は「알다　わかる」に尊敬を表すヘヨ体の「세요?　ですか」がついた形です。「～なのか」を使った表現には、「누구인지　誰なのか」「언제인지　いつなのか」「얼마인지　いくらなのか」などがあります。

❺ 이 근처에 우체국이 있어요 ?　この近所に郵便局はありますか？

近所＝근처(クンチョ)です。日本語と音が似ているので覚えやすいですね。

ちょっとだけ **文法**

韓国語の「こそあど」（2）

場所の「こそあど」

ここ	そこ	あそこ	どこ
여기（ヨギ） 이곳（イゴッ）	거기（コギ） 그곳（クゴッ）	저기（チョギ） 저곳（チョゴッ）	어디（オディ） 어느 곳（オヌ ゴッ）

位置代名詞

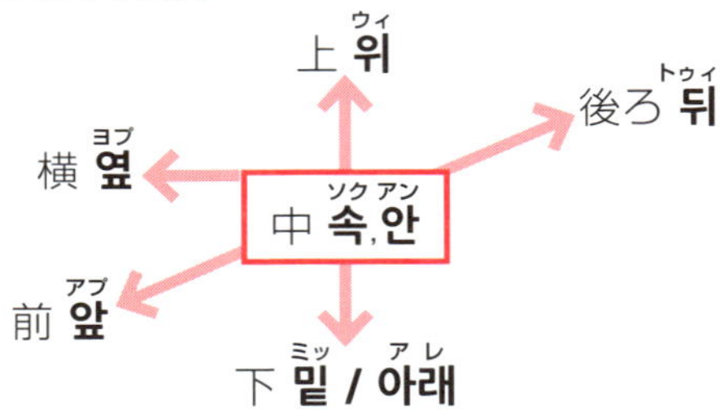

＊ポイント1

場所をたずねるとき

－가/이 어디예요?（カ イ オディエヨ）　～はどこですか

－는/은 어디에 있어요?（ヌン ウン オディエ イッソヨ）　～はどこにありますか

여기가 어디예요?（ヨギガ オディエヨ）　ここはどこですか

位置代名詞にはたいてい「**에** に」などの助詞がつくので、発音に注意しましょう。

例

옆에（ヨペ）　横に　　**앞에**（アペ）　前に

밑에（ミテ）　下に

속에（ソゲ）　中に

＊ポイント2

「～の中」とか「～の上」などと言いたい場合、名詞＋位置代名詞でOKです。つまり、「～の＋位置代名詞」の場合には、「の」にあたる助詞はつけません。

例

学校の前　　**학교（ハッキョ） 앞（アプ）**（学校＋前）

建物の後ろ　　**건물（コンムル） 뒤（トゥイ）**（建物＋後ろ）

タワーの下　　**타워（タウォ） 밑（ミッ）**（タワー＋下）

column

韓国乗り物事情

韓国旅行をするのに欠かせないのがタクシーと地下鉄です。

タクシーにはシルバーカラーの一般タクシーと、黒塗りの模範タクシーの２種類があります。

模範タクシーは料金が高めですが、安全と親切さがウリです。

지하철（チハチョル）地下鉄はソウルだけでなく、釜山や大邱（テグ）などの大都市に欠かせない交通手段です。

色分けがきちんとされているので、外国人でもスムーズに利用することができるでしょう。

地下鉄やバス、一部のタクシーにも乗れる交通カード（キョトンカード）。T－moneyともいい、カードリーダーに当てて使います。

カード型だけでなく、キーホルダー形のものまであり、種類は多数。

現在、地下鉄は紙の切符が廃止されたので、旅行者もこのカードを購入しなければなりません。デポジット金500ウォンは使用後に払い戻しすれば返還されます。

＊使ってみよう＊

CD 53

＊ 乗り物の行き先をたずねる

イ チョンチョル ウン ヌン オディガヌン チョンチョル イェヨ エヨ
A 이 〈전철〉 은/는 어디가는 〈전철〉 이에요? / 예요?
この {電車} はどこ行きの {電車} ですか？

スウォン ヘンイエヨ
B 〈수원〉 행이에요.　{水原} 行きです。

単語帳

乗り物

チョンチョル 전철　電車	ヨルチャ 열차　列車	ポス 버스　バス	コソクッポス 고속버스　高速バス
リムジンポス 리무진버스　リムジンバス		イルバンポス 일반버스　一般バス	
マウルポス 마을버스　マウルバス		テクシ 택시　タクシー	
イルバンテクシ 일반택시　一般タクシー		モボムテクシ 모범택시　模範タクシー	
ピヘンギ 비행기　飛行機	チャチョンゴ 자전거　自転車	コロソ 걸어서　歩いて	

韓国の主要都市

ソウル 서울　ソウル	プサン 부산　釜山	テグ 대구　大邱	テジョン 대전　大田
キョンジュ 경주　慶州	チョンジュ 전주　全州	クァンジュ 광주　光州	インチョン 인천　仁川
チュンチョン 춘천　春川	ポハン 포항　浦項	チェジュ 제주　済州	ウルサン 울산　蔚山

韓国の地図

映画『猟奇的な彼女』の舞台になった江原道旌善(チョンソン)にある約束の木

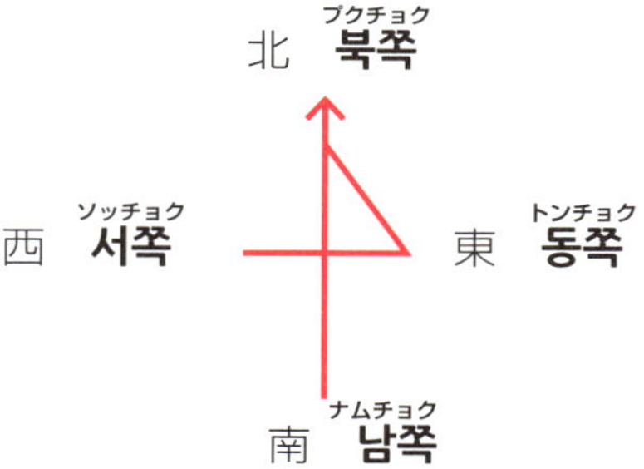

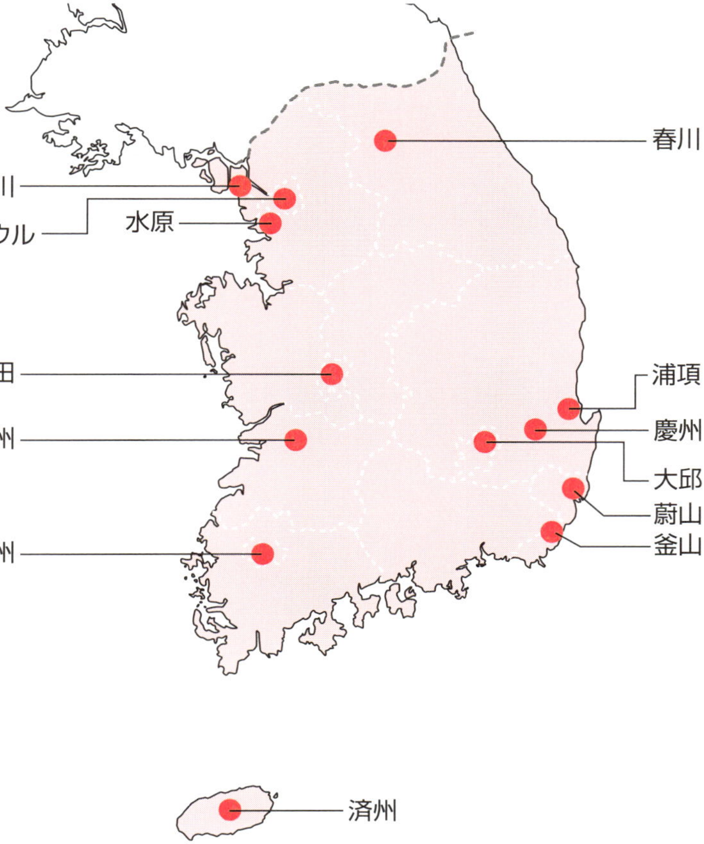

表現 18
有無をたずねる

CD 54

イ ッ ソ ヨ
‐ 있어요 ?
～ありますか？／いますか？

センメクチュ イッソヨ
1 생맥주 있어요 ? 生ビールありますか？

エイン イッソヨ
2 애인 있어요 ? 恋人いますか？

ト チャグン ゴ オプソヨ
3 더 작은 거 없어요 ?
もっと小さいものはありませんか？

カムギヤク パラヨ
4 감기약 팔아요 ? 風邪薬、売っていますか？

オヌル ヤクソク イッスセヨ
5 오늘 약속 있으세요 ?
今日は約束がおありですか？

パク サジャンニム ケセヨ
6 박 사장님, 계세요 ?
朴社長はいらっしゃいますか？

基本をマスター

❶ 생맥주 있어요？ 生ビールありますか？

韓国語では物や人の区別をしないので、「いる」と「ある」は同じ「있다」を使って表します。より丁寧に聞きたいときには 있습니까?（イッスムニカ）とたずねましょう。「あります」「います」と答えるときには、있어요.（イッソヨ） 있습니다.（イッスムニダ） となります。

❷ 애인 있어요？ 恋人いますか？

人についても 있어요/없어요 で表すことができます。恋人は「애인（漢字で「愛人」)」と言います。このほか、彼女は「여자친구（直訳は「女の友人」)」彼氏は「남자친구（男の友人)」と言います。

❸ 더 작은 거 없어요？ もっと小さいものはありませんか？

日本語と同じく「ありませんか？ 없어요?（オプソヨ）」という婉曲的な表現で、有無をより丁寧にたずねることができます。「小さいもの」は 작은（チャグン） 거（ゴ）、大きいものなら 큰（クン） 거（ゴ） となります。

「거」は「것 もの」の縮約形で、会話では、このようにㅅパッチムが省略されるのが普通です。

❹ 감기약 팔아요？ 風邪薬、売っていますか？

「팔다（パルダ） 売る」を使った表現で、直訳すると「売っていますか」となります。お店などで売っているかどうかたずねる表現です。「안 팔아요（アン パラヨ） 売っていません」、「없어요.（オプソヨ） ないです」とか「떨어졌어요.（トロジョッソヨ）/매진이에요.（メジニエヨ） 売り切れました」のような答えが返ってきたら、あきらめましょう。

❺ 오늘 약속 있으세요？ 今日は約束がおありですか？

「있으세요?（イッスセヨ） おありですか」は「있어요?（イッソヨ） ありますか」の尊敬表現で、目上の人の持ち物や所属物の有無についてたずねる表現です。目上の人に子どもがいるかどうかたずねるときにも、「아드님, 있으세요?（アドゥニム イッスセヨ） 息子さんはいらっしゃいますか」というように使います。

❻ 박 사장님, 계세요？ 朴社長はいらっしゃいますか？

「계세요?（ケセヨ） いらっしゃいますか」は「있어요?（イッソヨ） いますか」の尊敬表現で、目上の人がいるかどうかたずねるときに使う表現です。不在ならば 안 계세요（アン ゲセヨ） でOKです。

ちょっとだけ
文法

存在詞

韓国語では、「～**있다**」「～**없다**」がつく単語を、まとめて「存在詞」として動詞や形容詞と区別します。意味としては「**맛있다**（マシッタ） 味がある＝おいしい」「**재미있다**（チェミッタ） 面白みがある＝面白い」と、形容詞にあたるものが多いです。

存在詞は意味的には形容詞に近いのですが、活用は形容詞と全く一緒ではないので「存在詞」として分けて考えます。

以下に、活用をざっと見てみましょう。

連体形の場合（名詞を修飾する場合）

品詞	現在	過去	未来
形容詞	ㄴ/은	던,았/었던	ㄹ/을
存在詞	는	던,았/었던	ㄹ/을
動詞	는	ㄴ/은,던,았/었던	ㄹ/을

＊現在連体形の場合で見ると

＞存在詞は「－**는**」がつく（動詞と同じ）

재미있는 드라마（チェミインヌン トゥラマ） 面白いドラマ

맛있는 김치（マシンヌン キムチ） おいしいキムチ

＞動詞は　「－**는** 」

웃는 사장（ウンヌン サジャン） 笑っている社長

조는 사원（チョヌン サウォン） 居眠りしている社員（**졸다**（チョルダ） 居眠りする）

＞形容詞は　パッチムなしは「－**ㄴ**」ありは「－**은**」

예쁜 여자（イェップン ヨジャ） かわいい女性

좋은 하루（チョウン ハル） 良い一日

しかし、過去連体形になると、形容詞と同じ活用をします（表参照）。

以上のように、存在詞は、動詞と形容詞の活用の間を行ったり来たりしているような性質を持っています。活用させるときには注意が必要です。

✸使ってみよう✸

CD 55

＊ 有無をたずねる

ソウルヘン チクトンポス ヌン イッソヨ
A 〈서울행 직통버스〉는 있어요?
{ソウル行きの直通バス} はありますか？

ネ ヨソッシブト ハンシガンマダ イッソヨ
B 네, 6시부터 1시간마다 있어요.
はい、6時から1時間ごとにあります。

単語帳

観光でよく使う単語

クァングァンアンネソ **관광안내소** 観光案内所	テクシ タヌン コッ **택시 타는 곳** タクシー乗り場
ポストミノル **버스터미널** バスターミナル	
ポ スチョンニュジャン **버스 정류장** バスの停留所	タプスング **탑승구** 搭乗口
コンハン **공항** 空港	ペリブドゥ **페리부두** フェリーふ頭
ソンチャクチャン **선착장** 船着き場	シガクピョ **시각표** 時刻表
ピョ パヌン ゴッ メピョソ **표 파는 곳(매표소)** チケット売り場	ケチャルグ **개찰구** 改札口
テハプシル **대합실** 待合室	

表現
19 どれかをたずねる

CD 56

オ ヌ
어느
どの～

ハングクサヌン オ ヌ ゴ エ ヨ
1 한국산은 어느 거예요 ? 韓国産はどれですか？

ミョンドンウン オ ヌ チョ ギ エ ヨ
2 명동은 어느 쪽이에요 ?
明洞はどちらの方角ですか？

オ ヌ セッカリ マ ウ メ トゥロ ヨ
3 어느 색깔이 마음에 들어요 ?
どの色が気に入りましたか？

オットン ディジャイニ チョアヨ
4 어떤 디자인이 좋아요 ?
どんなデザインがいいですか？

メクチュガ チョアヨ マッコルリガ チョアヨ
5 맥주가 좋아요 ? 막걸리가 좋아요 ?
ビールがいいですか？ マッコリがいいですか？

基本をマスター

❶ 한국산은 어느 거예요？　韓国産はどれですか？

「어느（どの）거（もの）＝どれ」となります。「어느（オヌ） 게（ゲ） 마음에（マウメ） 들어요?（トゥロヨ）　どれが気に入りましたか」という言い方もできます。어느は「どれ」、게は「것이 ものが」の縮約形です。

韓国産は「한국（ハングク） 거（コ）」とも言います。

❷ 명동은 어느 쪽이에요？　明洞はどちらの方角ですか？

「어느（オヌ） 쪽（チョク）」は「어느 どの」「쪽 側」つまり、「どちら」です。오른쪽（オルンチョク）（右）、왼쪽（ウェンチョク）（左）、북쪽（プクチョク）（北）、남쪽（ナムチョク）（南）というように、方向や方角を表す単語には、この「쪽」がつきます。

❸ 어느 색깔이 마음에 들어요？　どの色が気に入りましたか？

「마음에（マウメ） 들다（トゥルダ）　気に入る」は直訳すると「心に入る」という意味です。日本語と違って、たいてい「마음에 들어요．気に入ります」と現在形で用いられます。

❹ 어떤 디자인이 좋아요？　どんなデザインがいいですか？

「어떤（オットン）　どんな」はいろいろな種類のある中から、選択するときに使われる表現です。

「어떤（オットン） 가게（カゲ）　どんな店」「어떤（オットン） 노래（ノレ）　どんな歌」「어떤（オットン） 사람（サラム）　どんな人」など、後ろにカテゴリーを表す名詞をつけてたずねれば、どれが好きなのかを聞くことができます。

❺ 맥주가 좋아요？ 막걸리가 좋아요？
ビールがいいですか？ マッコリがいいですか？

「－가/이 좋아요?　－가/이 좋아요?　～がいいですか？ ～がいいですか？」は２つの選択肢の中からどちらかを選んでもらうときに使う表現です。文章は２つですが、切れ目なく続けて言います。最初の「？」のイントネーションは上げて、２つ目の「？」のイントネーションは下げて言いましょう。

ちょっとだけ
文法

助詞の使い分け（2）

日本語と似ているようでちょっと違う助詞の使い方を挙げておきます。

テクシルル タムニダ
택시를 탑니다.　タクシーに乗ります。

アドゥルン テハクセンイ トェッスムニダ
아들은 대학생이 됐습니다.　息子は大学生になりました。

ピビムパブル チョアヘヨ
비빔밥을 좋아해요.　ビビンバが好きです。

ノレルル チャレヨ
노래를 잘해요.　歌が得意です（うまいです）。

シルラホテリ マジョヨ
신라호텔이 맞아요.　新羅ホテルで合っています。

ソンセンニムル マンナヨ
선생님을 만나요.　先生に会います。

練習問題

ふさわしいほうに○をつけましょう。

ウマク ルル ウル チョアヘヨ
1 **음악（를/을）좋아해요.**
音楽が好きです。

スル イ カ チョアヨ
2 **술（이/가）좋아요.**
お酒が好きです。

ッコッ ウル イ チョアヘヨ
3 **꽃（을/이）좋아해요.**
花が好きです。

プヌィギ ルル カ チョアヨ
4 **분위기（를/가）좋아요.**
雰囲気がいいです。

ハルリュ スタ エゲ ルル マンナヨ
5 **한류 스타（에게/를）만나요.**
韓流スターに会います。

タソッシ エ カ トェッソヨ
6 **5시（에/가）됐어요.**
5時になりました。

ヨギガ ソウルリョク イ ロ マジャヨ
7 **여기가 서울역（이/로）맞아요?**
ここがソウル駅で合っていますか？

✱使ってみよう✱

CD 57

＊「どの～」「どんな～」

オヌ トゥレスガ チョアヨ
A 어느 드레스가 좋아요?　どのドレスがいいですか？

ッパルガン ゴシ チョアヨ
B 〈빨간〉 것이 좋아요.　{赤い} のがいいです。

オヌ シャチュガ チョアヨ
A 어느 샤츠가 좋아요?　どのシャツがいいですか？

チュルムニロ ジュセヨ
B 줄무늬로 주세요.　ストライプのをください。

オットン セクッカルル ウォナセヨ
A 어떤 색깔을 원하세요?　どんな色がほしいですか？

ハヤン ゴ ジュセヨ
B 〈하얀〉 거 주세요.　{白いの} をください。

単語帳

色

ハヤン 하얀　白の	カマン 까만　黒の	ノラン 노란　黄の
ボラ セク 보라 색　紫色の	ノク セク 녹 색　緑色の	パラン 파란　青の
フェ セク 회 색　灰色の	ベイジ セク 베이지 색　ベージュ色の	ッパルガン 빨간　赤の
ブノン セク 분홍 색　ピンク色の	クム セク 금 색　金色の	ウン セク 은 색　銀色の

※赤、白、黄、青、黒の5色には、「색 色」がなくてもいい。

P.110答え　1을　2이　3을　4가　5를　6가　7이

表現 20

手段をたずねる

CD 58

オットケ
어떻게
どうやって

プサンカジ オットケ カヨ
① 부산까지 어떻게 가요?
釜山までどうやって行きますか？

コロソ カル ス イッソヨ
② 걸어서 갈 수 있어요? 歩いて行けますか？

ムォルロ マンドゥロヨ
③ 뭘로 만들어요? 何から(で)つくりますか？

オットン パンボビ イッソヨ
④ 어떤 방법이 있어요? どんな方法がありますか？

オットケ ヘヤ ドェヨ
⑤ 어떻게 해야 돼요? どうしたらいいでしょうか？

オットケ カヌンジ アセヨ
⑥ 어떻게 가는지 아세요?
どうやって行くのかご存じですか？

基本をマスター

❶ 부산까지 어떻게 가요？ 釜山までどうやって行きますか？

「어떻게（オットケ） どうやって」は手段をたずねる疑問詞です。

「까지（カジ） ～まで」は場所の到達点を表します。「釜山から」は 부산에서 です。

❷ 걸어서 갈 수 있어요？ 歩いて行けますか？

「－를/을 수 있다 ～することができる」は可能を表す表現です。不可能は－를/을 수 없다 となります。걸어서（コロソ） は「歩いて」。「～に乗って」は－를/을 타고 を使います。

例）택시를 타고（テクシルル タゴ） タクシーに乗って 버스를 타고（ポスルル タゴ） バスに乗って

전철을 타고（チョンチョルル タゴ） 電車に乗って

❸ 뭘로 만들어요？ 何から(で)つくりますか？

뭘로（ムォルロ）は「무엇으로（ムオスロ） 何で」の縮約形で材料をたずねる表現です。

答えるときは材料・手段を表す助詞「(으)로」を使って「나무로（ナムロ） 木材で」というように答えます。

❹ 어떤 방법이 있어요？ どんな方法がありますか？

「어떤（オットン） どんな」「방법（パンボプ） 方法」という意味です。「違う方法」だったら 다른（タルン） 방법（パンボプ） となります。

例）다른 방법이 없을까요?（タルン パンボビ オプスルカヨ） ほかの方法はないでしょうか？

❺ 어떻게 해야 돼요？ どうしたらいいでしょうか？

「어떻게 どのように」に「－아/어야 돼요 ～しなければなりません」（義務）がついた表現です。直訳すると「どのようにしなければなりませんか？」ですが、相手に解決策はないかどうかたずねるときに使う表現です。

❻ 어떻게 가는지 아세요？ どうやって行くのかご存じですか？

어떻게 －는지 で「どうやって～するのか」という意味です。아세요のように「알다（アルダ） わかる」に尊敬のへヨ体「세요」がつくときには、語幹末のㄹパッチムが脱落します。わからない場合には「모르겠어요.（モルゲッソヨ） わかりません」と答えましょう。

ちょっとだけ
文法

어떻게（どのように、どうやって）の使い方

手段や方法をたずねるときに使います。

オットケ カヨ
어떻게 가요? どうやって行きますか？

オットケ モゴヨ
어떻게 먹어요? どうやって食べますか？

オットケ ソヨ
어떻게 써요? どのように使いますか？

●特別な使い方

次のような意味になる場合もあります。

オットケ ヘヨ
어떻게 해요? いくらですか？（買い物のとき）

オットケ オショッソヨ
어떻게 오셨어요? どんなご用件でしょうか？（来客にたずねるとき）

疑問詞のまとめ

いつ	どこ	だれ	なに	なぜ	どのように	いくら
オンジェ 언제	オディ 어디	ヌグ 누구	ムオッ 무엇	ウェ 왜	オットケ 어떻게	オルマ 얼마
	どこで	だれが	なにを		どんな	どのくらい
	オディソ 어디서	ヌガ 누가	ムォル 뭘		オットン 어떤	オルマナ 얼마나
			何の		どの	
			ムスン 무슨		オヌ 어느	

例

イ ヨリヌン ヌガ マンドゥロッソヨ
이 요리는 누가 만들었어요? この料理は誰がつくりましたか？

ウェ ハングゴルル コンブハセヨ
왜 한국어를 공부하세요? なぜ韓国語を勉強なさっていますか？

✱使ってみよう✱

CD 59

✱ 行き方をたずねる

A 〈극장〉 까지 어떻게 가요? (クッチャン ッカジ オットケ カヨ)　{劇場} までどうやって行きますか？

B 〈걸어서〉 가요. (コロソ カヨ)　{歩いて} 行きます。

単語帳

主要な建物、施設

백화점 (ペカジョム) デパート	면세점 (ミョンセジョム) 免税店	호텔 (ホテル) ホテル
영화관 (ヨンファグァン) 映画館	파출소 (パチュルソ) 派出所	대사관 (テサグァン) 大使館
은행 (ウネン) 銀行		

移動手段

걸어서 (コロソ) 歩いて	자전거로 (チャジョンゴロ) 自転車で	버스로 (ポスロ) バスで
자동차로 (チャドンチャロ) 車で	택시로 (テクシロ) タクシーで	전철로 (チョンチョルロ) 電車で
지하철로 (チハチョルロ) 地下鉄で	비행기로 (ピヘンギロ) 飛行機で	배로 (ペロ) 船で

表現 21

所要時間・料金を表す

CD 60

オルマエヨ
얼마예요？
いくらですか？

イゴ オルマエヨ
1 이거 얼마예요？　これ、いくらですか？

インチョンコンハンッカジ テクシロ オルマナ トゥロヨ
2 인천공항까지 택시로 얼마나 들어요？
仁川空港までタクシーでどのくらい（料金が）かかりますか？

キョンジュッカジ コソクポスロ オルマナ コルリョヨ
3 경주까지 고속버스로 얼마나 걸려요？
慶州まで高速バスでどのくらい（時間が）かかりますか？

ハンシガン ネエ カル ス イッソヨ
4 1 시간 내에 갈 수 있어요？
１時間以内に行けますか？

ハングゴルル ペウン ジ オルマナ トェッソヨ
5 한국어를 배운 지 얼마나 됐어요？
韓国語を習ってからどのくらいたちましたか？

基本をマスター

❶ 이거 얼마예요？　これ、いくらですか？

「얼마(オルマ)　いくら」は値段を聞く疑問詞です。

❷ 인천공항까지 택시로 얼마나 들어요？
仁川空港までタクシーでどのくらい(料金が)かかりますか？

들다(トゥルダ) は「お金がかかる」という意味です。時間の「かかる」には「걸리다(コルリダ)」を使います。얼마나 は「どのくらい」で、時間や料金を聞く疑問詞です。

❸ 경주까지 고속버스로 얼마나 걸려요？
慶州まで高速バスでどのくらい(時間が)かかりますか？

걸리다(コルリダ) は「(時間が) かかる」という意味です。料金をたずねるときは 들다(トゥルダ) ですね。バスの種類は「마을버스(マウルボス)　町内バス」「일반버스(イルバンボス)　一般バス」「좌석버스(チャソクボス)　座席バス」「직행버스(チケンボス)　直行バス」などいろいろあります。

❹ 1 시간 내에 갈 수 있어요？　1時間以内に行けますか？

「내　以内」、－를/을 수 있다 は可能を表します。

❺ 한국어를 배운 지 얼마나 됐어요？
韓国語を習ってからどのくらいたちましたか？

「－ㄴ/은 지 얼마나 됐어요?　～して以来、どのくらいになりましたか」は、時間の経過をたずねる表現です。答えるときには「3년이(サムニョニ) 됐어요(トェッソヨ).　3年になります」などと、期間のあとに「－가/이 됐어요(トェッソヨ)　～になりました」をつけて答えればOKです。

ちょっとだけ文法

過去形のつくり方（ヘヨ体）

用言の語幹末の母音がㅗ,ㅏ,ㅑ（陽母音）か、それ以外の母音（陰母音）かを見分けて、過去形をつくります。母音の形に合わせて、語幹末に**았**（アッ）や**었**（オッ）をえらび、さらに**어요**（オヨ）をつけます。より丁寧な表現（ハムニダ体）にするときは、**았습니다**（アッスムニダ）や**었습니다**（オッスムニダ）を使います。

例

앉다（アンタ） 座る → 語幹末のㅏは陽母音 → 앉**았어요**（アンジャッソヨ） 座りました
ハムニダ体は**았습니다**をつけます。

먹다（モクタ） 食べる → 語幹末のㅓは陰母音 → 먹**었어요**（モゴッソヨ） 食べました
ハムニダ体は**었습니다**をつけます。

공부하다（コンブハダ） 勉強する → ～**하다**（ハダ）で終わる → 공부**했어요**（コンブヘッソヨ） 勉強しました
ハムニダ体は**했습니다**をつけます。

✱使ってみよう✱

CD 61

＊ 所要時間をたずねる

ヨギッカチ オ ヌン デ オルマナ コルリョッソヨ
A 〈여기까지 오〉는 데 얼마나 걸렸어요?
{ここまで来る} のにどのくらいかかりましたか？

セシガン コルリョッソヨ
B 3시간 걸렸어요.　３時間かかりました。

「語幹+는 데」＝「～するのに」

単語帳

さまざまな動詞①

ヨクカジ カ ダ　　　　　　　　タ イク タ
역까지 가(다)　駅まで行く　다 읽(다)　全部読む

ミスルグヮネ カッタ オ ダ
미술관에 갔다 오(다)　美術館に行ってくる

イ ヨンファルル ポ ダ
이 영화를 보(다)　この映画を見る

ヨギカジ オ ダ
여기까지 오(다)　ここまで来る

表現
22 所有をたずねる

CD 62

コ エ ヨ
－거예요？
～のものですか？

イ ヨヘンカバン ヌグ コエヨ
1 이 여행가방 누구 거예요？
このスーツケースは誰のものですか？

アヤコ ッシ コエヨ
2 아야코 씨 거예요. アヤコさんのものです。

チェッ コ エ ヨ
3 제 거예요. 私のです。

チェ カバンイ オディ イッソヨ
4 제 가방이 어디 있어요？
私のかばんはどこにありますか？

イゴン ヨシダ ッシ コ アニエヨ
5 이건 요시다 씨 거 아니에요？
これは吉田さんのものではありませんか？

基本をマスター

❶ 이 여행가방 누구 거예요？

このスーツケースは誰のものですか？

누구 は誰、「거　もの」＋「예요　ですか」です。「誰の」の「の」にあたる助詞 의 は必要ありません。

❷ 아야코 씨 거예요.　アヤコさんのものです。

－씨＋거で「～さんのもの」という意味になります。助詞の「の」にあたる의は必要ありません。

❸ 제 거예요.　私のです。

「저　私」「의　の」＝「제　私の」となります。저 は自分を低めて言う謙譲語です。相手が同等もしくは目下の場合にはもう少しくだけた「나　僕、私、俺　etc」＋「의　の」を使って「내 거（ネ コ）　私のもの」と言います。

❹ 제 가방이 어디 있어요？　私のかばんはどこにありますか？

「私の」にあたる単語は 제, 내 となります。「어디　どこ」＋「있어요?　ありますか」で、「に」にあたる助詞 에 は省略して構いません。

❺ 이건 요시다 씨 거 아니에요？

これは吉田さんのものではありませんか？

－아니에요? は「～ではないですか」という意味で、確認する表現になります。

より丁寧に言うときには 아닙니까?（アニムニッカ） となります。

ちょっとだけ文法

人称代名詞（単数）

	は	が	の	を	に
1人称謙譲 私	チョヌン 저는 チョン 전	チェガ 제가	チェ 제	チョルル 저를 チョル 절	チョエゲ 저에게
1人称 私	ナヌン 나는 ナン 난	ネガ 내가	ネ 내	ナルル 나를 ナル 날	ナエゲ 나에게 ネゲ 내게
2人称 あなた、君、お前etc	ノヌン 너는 ノン 넌	ネガ ニガ 네가[니가]	ネ ニ 네[니]	ノルル 너를 ノル 널	ノエゲ 너에게 ネゲ 네게
3人称 彼、(彼女)	クヌン 그는	クガ 그가	クエ 그의	クルル 그를	クエゲ 그에게
彼女	クニョヌン 그녀는	クニョガ 그녀가	クニョエ 그녀의	クニョルル 그녀를	クニョエゲ 그녀에게

＊2人称は親しい間柄以外には使いません。

＊このほか、こちら（**이분** イブン）そちら（**그분** クブン）あちら（**저분** チョブン）という言い方などもあります。

＊ハムニダ体の1人称には**저**を使うようにしましょう。

＊使ってみよう＊

CD 63

＊「誰の？」

A **이거 누구 거예요?**（イゴ ヌグ コエヨ）　これ、誰のですか？

B **제 거예요. / 내 거예요.**（チェ コエヨ / ネ コエヨ）　私の（もの）です。

A **이 시디는 누구 거예요?**（イ シディヌン ヌグ コエヨ）　このCDは誰のものですか？

B **제 거예요. 어디 있었어요?**（チェ コエヨ オディ イッソッソヨ）　私のです。どこにありましたか？

✱使ってみよう✱

CD 64

＊ 親族を表す

イブヌン　ウリ　ハラボジ　セヨ
이분은 우리 〈할아버지〉 세요.　こちらはうちの｛祖父｝です。

ヨギヌン　チェ　アドゥ　リエヨ
여기는 제 〈아들〉 이에요.　これは私の｛息子｝です。

＊우리(ウリ)＝私たち、「うちの～」という意味でも使われます。

単語帳

親族

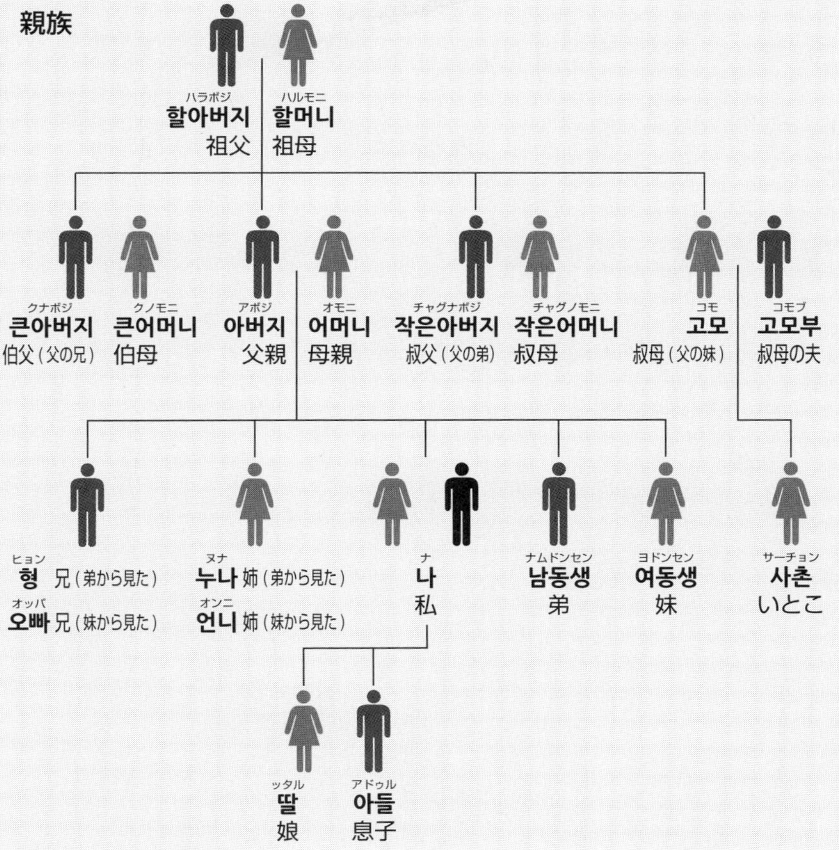

表現 23

依頼をする

CD 65

ア　オ　ジュシゲッソヨ

ー아 / 어 주시겠어요？

～してくださいますか？

チョナ ピルリョ ジュシゲッソヨ

1 전화 빌려 주시겠어요？

電話を貸してくださいますか？

ヨギ チウォ ジュセヨ

2 여기 치워 주세요.　ここを片づけてください。

チョナ ジュシルレヨ

3 전화 주실래요？　電話をくださいますか？

チョアヨ

4 좋아요.　いいですよ。

オットケ カヌンジ カルチョ ジュセヨ

5 어떻게 가는지 가르쳐 주세요.

どうやって行くのか教えてください。

基本をマスター

❶ 전화 빌려 주시겠어요? 電話を貸してくださいますか？

－아/어 주시겠어요? は「～してくださいますか」と相手の意向を伺いながら、丁寧に依頼する表現です。빌리다(ピルリダ)の語幹末は빌리と陰母音で終わっているので、これに어がついて 빌려(ピルリョ) となるわけです。

❷ 여기 치워 주세요. ここを片づけてください。

レストランなどでよく使われる表現です。치우다(チウダ) には「片づける」とか「捨てる」という意味があります。食べ終わったお皿を片づけてもらいたいときなどに使ってみましょう。－아/어 주세요 で「～してください」という意味になります。

❸ 전화 주실래요? 電話をくださいますか？

주실래요?(ジュシルレヨ) は「－ㄹ/을래요? ～するつもりがありますか」と親しい相手に向かって意向を聞く表現に、尊敬の「시」がついています。주시겠어요?(ジュシゲッソヨ) よりもややくだけた表現です。

❹ 좋아요. いいですよ。

依頼されたことが自分にできることなら、このように答えましょう。ほかにも「괜찮아요(ケンチャナヨ). いいです（大丈夫です）」「그러죠(クロジョ). そうしましょう」などの言い方があります。

❺ 어떻게 가는지 가르쳐 주세요.
どうやって行くのか教えてください。

가르쳐 주세요 は「가르치다(カルチダ) 教える」に「－아/어 주세요. ～してください」がついた形です。

もし、相手の言葉が早くて聞きとれないときには、「천천히(チョンチョニ) 말씀해(マルスメ) 주세요(ジュセヨ). ゆっくり話してください」と言ってみましょう。

천천히(チョンチョニ) は「ゆっくり」、「말씀하다(マルスマダ) お話しする」に「－아/어 주세요. ～してください」がついた形です。丁寧に、相手の言葉を聞き返すときに使える表現です。

ちょっとだけ

文法

尊敬のヘヨ（해요）体「～セヨ」

韓国語では身内であっても目上の人については尊敬語で表します。

尊敬語のヘヨ体は「－(**으**)**세요**　お～なさいませ」となります。語幹末にパッチムがない場合は **세요**、ある場合は **으세요**、**ㄹ**パッチムが語幹末の場合には**세요**がついて**ㄹ**が脱落します。

例

ウリ　オモニヌン　ハングゴルル　カルチセヨ
우리 어머니는 한국어를 가르치세요.

うちの母は韓国語を教えていらっしゃいます。

プムニムン　オディエ　サセヨ
부모님은 어디에 사세요?（**살다** 住む）　ご両親はどちらにお住まいですか？

尊敬のヘヨ体を使った「お～ください」には２つの形があります。それぞれ、少しずつ意味と用法が違います。

１ －아/어 주세요.「～してください」（依頼）

自分のために何かをしてもらおうと、相手に丁寧に依頼する表現です。「**좀** ちょっと」とともに使われることによって、より丁寧な依頼の表現になります。**아/어**の選び方はヘヨ体と同じ要領です。

語幹末が陽母音のとき　⇒　**아 주세요**

陰母音のとき　⇒　**어 주세요**

～ハダのとき　⇒　**해 주세요**

ネイル　アッチメ　チョナヘ　ジュセヨ
내일 아침에 전화해 주세요.　明日の朝に電話してください。

ナムデムンッカジ　カ　ジュセヨ
남대문까지 가 주세요.　南大門まで行ってください。

2 -(으)세요.（ウセヨ）「～してください」（＝お～なさいませ）（丁寧な命令）

相手にとって得することやためになることを丁寧に勧めるときによく使われる表現です。

여기 앉으세요.（ヨギ アンジュセヨ）　ここにお座りください。
많이 드세요.（マアニ トゥセヨ）　たくさん召し上がってください。

もしも相手がしたくないことを言う場合には命令の意味になりますが、目上の人やあまり親しくない人に対して命令をするのは避けたほうが無難ですね。たとえば次のような表現のときによく使われます。

나가세요.（ナガセヨ）　出て行ってください。
그만 하세요.（クマン ハセヨ）　やめてください。

たとえば、タクシーの運転手さんに**가세요.**（カセヨ）と言うのはあまり望ましい表現ではありません。自分のためにしてもらうこととして**가 주세요.**（カ ジュセヨ）を使うようにしましょう。

3 -지 마세요.（ジ マセヨ）　禁止命令「～しないでください」

尊敬のヘヨ体を使った丁寧な言い方ですが、してほしくないことを知らない人や目上の人などに訴えるときに使われる、多少きつい感じのする表現です。動詞の語幹末にそのままつければOKです。

기다리지 마세요.（キダリジ マセヨ）　待たないでください。
기대지 마세요.（キデジ マセヨ）　よりかからないでください。

CD 66

言ってみよう

1 ドアを開けてください。（ドアを開ける＝문을 열다）
2 お勘定してください。（計算する＝ 계산하다）
3 連絡してください。（連絡する＝연락하다）

答え　1 **문을 열어 주세요.**（ムヌル ヨロ ジュセヨ）2 **계산해 주세요.**（ケサネ ジュセヨ）3 **연락해 주세요.**（ヨルラケ ジュセヨ）

表現
24 許可を求める

CD 67

ア　オ　ド　トェヨ
－아/어 도 돼요？
～(し)てもいいですか？

イゴ　ッソド　トェヨ
1 이거 써도 돼요？　これ、使ってもいいですか？

フェイガ　クンナミョン　カド　ドェヨ
2 회의가 끝나면 가도 돼요.
会議が終われば帰ってもいいです。

モゴ　ブァド　トェヨ
3 먹어 봐도 돼요？　食べてみてもいいですか？

ヨギソ　チュムシミョン　アン　ドェヨ
4 여기서　주무시면 안 돼요.
ここで眠ってはいけません。

ソン　テジ　マセヨ
5 손 대지 마세요.　手をふれないでください。

基本をマスター

❶ 이거 써도 돼요？ **これ、使ってもいいですか？**

－아/어도 되다 は「～してもかまわない」という意味です。語幹末が陽母音なら「아」、陰母音なら「어」をえらびます。되다(トェダ)は「結構だ」「大丈夫だ」という意味ですが、ほかにもいろいろな意味で使うことができます。

❷ 회의가 끝나면 가도 돼요. **会議が終われば帰ってもいいです。**

－(으)면 되다 は直訳すると「～すればよい」という意味で、条件付で許可をするときに使われます。語幹末にパッチムがあるときは「으」をつけます。

❸ 먹어 봐도 돼요？ **食べてみてもいいですか？**

먹어 보다「食べてみる」の語幹に「－아/어도 돼요～してもいいです」がついた形です。「～してみる」に当たる表現は 아/어 보다 となります。

❹ 여기서 주무시면 안 돼요. **ここで眠ってはいけません。**

되다の否定形「안 되다(アン ドェダ)」です。「いけません」の意味です。「－(으)면 안 되다」だと「～してはいけない」という意味になります。

❺ 손 대지 마세요. **手をふれないでください。**

손 대다は「手をふれる」、「－지 마세요」は「～しないでください」という禁止命令の表現です（→P.127）。

ちょっとだけ 文法

トェダ
「되다」の使い方

ここで主な表現をまとめておきましょう。

例

1 아/어도 돼요＝してもよい

コンプヘド トェヨ
공부해도 돼요.　勉強してもいいです。

2 (으)면 돼요＝すればよい

コンプハミョン トェヨ
공부하면 돼요.　勉強すればいいです。

3 아/어야 돼요＝しなければならない

コンプヘヤ ドェヨ
공부해야 돼요.　勉強しなければなりません。

4 이/가 되다 ＝～になる

キョサガ トェッソヨ
교사가 됐어요.　先生になりました。

コクチョンイ トェヨ
걱정이 돼요.　心配になります。

5 게 됐어요. ＝～ように／ことになりました

イサハゲ トェッソヨ
이사하게 됐어요.　引っ越すことになりました。

ウリヌン ハングゲソ マンナソ サグィゲ トェッソヨ
우리는 한국에서 만나서 사귀게 됐어요.

私たちは韓国で出会って付き合うようになりました。

6 特別な意味になる場合

チャル トェッソヨ
잘 됐어요.　うまくいきました。(ちょうどよかったです。)

アンドェッソヨ
안됐어요.　気の毒です。残念です。

✱やってみよう✱

CD 68

＊ 次の絵を見て会話を完成させましょう

1

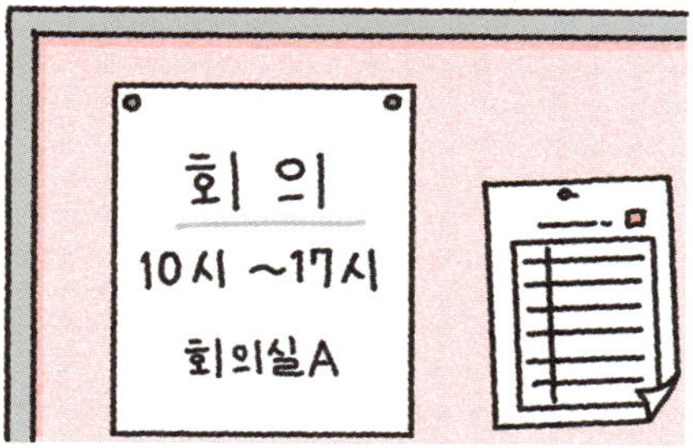

ネイル ミョッ シッカジ オミョン トェヨ
내일 몇 시까지 오면 돼요? 明日何時までに来ればいいですか？

ヨル シッカジ オダ
10시까지 (오다 →) 10時までに来ればいいです。

2

ヨギソ モクタ
여기서 (먹다 →)? ここで食べてもいいですか？

アニョ モクタ
아뇨, (먹다 →) いいえ、食べてはいけません。

オミョン トェヨ　モゴド トェヨ　モグミョン アン ドェヨ
答え　1 오면 돼요　2 먹어도 돼요, 먹으면 안 돼요.

表現 25

時間をたずねる

CD 69

チ グ ム　ミヨッ　シ エ ヨ
지금 몇 시예요？
いま、何時ですか？

チグム ミヨッ シ エ ヨ
1. 지금 몇 시예요？　いま、何時ですか？

オンジェ チュルバレヨ
2. 언제 출발해요？　いつ出発しますか？

コンヨヌン ミョッ シブト ミョッ シカジエヨ
3. 공연은 몇 시부터 몇 시까지예요？
公演は何時から何時までですか？

ミョッ シエ ムヌル ヨロヨ
4. 몇 시에 문을 열어요？
営業時間は何時からですか？

ヨルトゥ シッカジ オミョン トェヨ
5. 12 시까지 오면 돼요？
12 時までに来ればいいですか？

タ クギョンウル ハリョミョン ミョッ シガン コルリョヨ
6. 다 구경을 하려면 몇 시간 걸려요？
全部見ようとすると何時間かかりますか？

基本をマスター

❶ 지금 몇 시예요？ いま、何時ですか？

厳密には時刻をたずねる表現ですが、時間だけではなく、「다섯(タソッ) 시(シ) 반이에요(バニエヨ). 5時半です」とか「두(トゥ) 시(シ) 십오(シボ) 분이에요(ブニエヨ). 2時15分です」というように、分単位までも答えたりします。

❷ 언제 출발해요？ いつ出発しますか？

「언제(オンジェ)　いつ」は時間をたずねるときに使う疑問詞です。後ろに「-나(ナ)　～でも」がつくと「언제나(オンジェナ)　いつでも」という不特定の時間を表す単語になります。

❸ 공연은 몇 시부터 몇 시까지예요？ 公演は何時から何時までですか？

時間を表す「～から～まで」は「-부터-까지」を使います。

❹ 몇 시에 문을 열어요？ 営業時間は何時からですか？

문을(ムヌル) 열다(ヨルダ) は直訳すると「門を開ける」、つまり営業を開始するという意味です。店閉まいのときは「문을(ムヌル) 닫다(タッタ)　門を閉める」と言います。

時間をたずねる「몇(ミョッ) 시에(シエ)　何時に」の「に」にあたる助詞には、会話でも省略不可ですので、忘れないように注意しましょう。

❺ 12 시까지 오면 돼요？ 12時までに来ればいいですか？

韓国語では「～までに」にあたる表現はありません。까지を使って「～まで」と「～までに」の両方の意味を表します。

❻ 다 구경을 하려면 몇 시간 걸려요？ 全部見ようとすると何時間かかりますか？

-(**으**)**려면** は「～しようとするなら」という仮定の表現です（→P.87）。

「구경＝見物」です。

✱使ってみよう✱

CD 70

＊ 何時に〜

ミョッ シ エ　コンヨニ シジャッケヨ
A 몇 시에 〈공연이 시작해요〉?　何時に｛公演が始まりますか｝？

イルゴブ シ エ　シジャッケヨ
B 일곱 시에 〈시작해요〉.　7時に｛始まります｝。

単語帳

さまざまな動詞②

일어나요（イロナヨ）	起きます	시작해요（シジャッケヨ）	始まります	와요（ワヨ）	来ます
가요（カヨ）	行きます	도착해요（トチャッケヨ）	到着します	출발해요（チュルバレヨ）	出発します

＊ 〜時から〜時まで

コンヨヌン ミョッ シブト ミョッ シッカジイムニッカ
A 공연은 몇 시부터 몇 시까지입니까?
公演は何時から何時までですか？

イルゴプシブト アホプシッカジイムニダ
B 7시부터 9시까지입니다.　７時から９時までです。

（時間の言い方はP.60 表現10で）

＊ 時間の言い方

ふだんの会話では、12時間制を使います。

- 朝の10時（午前10時）　오전 10시（オジョン ヨルシ）
- 昼の3時（午後3時）　오후 3시（オフ セシ）
- ～前　전（チョン）　（5時10分前）　5시 10분전（タソッシ シップンジョン）

＊ 時間帯の言い方

아침（アチム）	朝	夜が明けてから
오전（オジョン）	午前	昼12時以前
오후（オフ）	午後	昼12時以降
정오（チョンオ）	正午	12時ちょうど
저녁（チョニョク）	夕方	日が沈みかけてから日暮れまで
밤（パム）	晩、夜	日が沈んでから真夜中になる前
새벽（セビョク）	夜中、明け方	人々が寝静まってから朝5時くらいまで比較的広い範囲

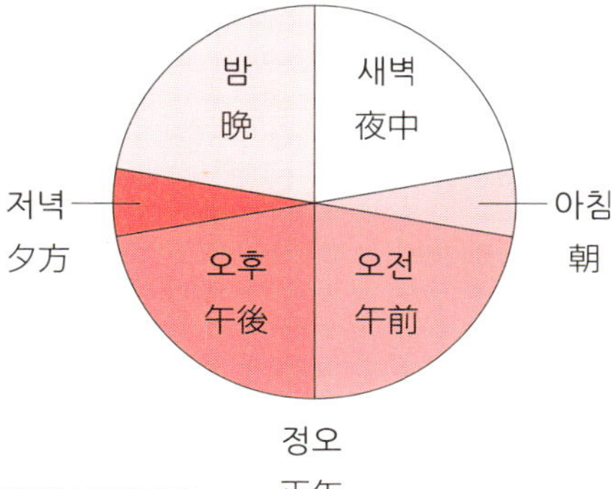

※時間は目安です。

韓国の伝統衣装

多くの観光地で、実際に着てみることができるほか、
本格的な撮影スタジオも増えている。

第 4 章

会話をスムーズにする表現

表現

26 曜日・日にちを言う

CD 71

オヌル　ミョッチリエヨ
오늘 며칠이에요？
今日は何日ですか？

1 オヌル　ミョッチリエヨ
오늘 며칠이에요？　今日は何日ですか？

2 オヌルン　ムスン　ニョイリエヨ
오늘은 무슨 요일이에요？
今日は何曜日ですか？

3 センイルン　オウォルイシビー　イリエヨ
생일은 5 월 22 일이에요.
誕生日は5月22日です。

4 ネイルン　オボイ　ナリムニダ
내일은 어버이 날입니다.　明日は両親の日です。

発音ワンポイント

「무슨(ムスン) 요일(ヨイル) 何曜日」は続けて早く読むと、ㄴ挿入が起こって[무슨뇨일(ムスンニョイル)]となります。

基本をマスター

❶ 오늘 며칠이에요？　今日は何日ですか？

「何日」は 며칠と言います。몇일とは書かないので注意しましょう。

「何月何日ですか？」は몇월(ミョドル) 며칠이에요?(ミョッチリエヨ) と言います。

❷ 오늘은 무슨 요일이에요？　今日は何曜日ですか？

「何曜日」は**무슨(ムスン) 요일(ニョイル)**と言います。数ではなく曜日をたずねているので、疑問詞にあたる「何」は「何の～」という意味にあたる「**무슨**」を使います。

❸ 생일은 5 월 22 일이에요.　誕生日は5月22日です。

생일は漢字で「生日」、つまり誕生日のことです。「22」の読み方は 이십이 ［이시비(イシビー)］これに「日です」の 일이에요. がついて 이십이일이에요 ［이시비이리에요(イシビーイリエヨ)］となります

(→P.63　数字の読み方)。

❹ 내일은　어버이 날이에요.　明日は両親の日です。

韓国には記念日はたくさんありますが、母 어머니 と父 아버지 を合わせて一緒に感謝をささげる「両親（어버이）の日」というのもあります。

韓国の祝日には、次のようなものがあります。

1월1일(陰暦)	설날(ソルラル)	旧正月
4월8일(陰暦)	석가탄생일(ソッカタンセンイル)(釋迦誕生日)	花まつり
3월1일	삼일(サミル)(三一) 절(ジョル)	独立運動記念日
5월5일	어린이날(オリニナル)	子どもの日
6월6일	현충(ヒョンチュン)(顯忠)절(ジョル)	忠霊記念日
8월15일	광복(クァンボク)(光復)절(チョル)	解放記念日
8월15일(陰暦)	추석(チュソク)(秋夕)	仲秋節
10월3일	개천(ケチョン)(開天)절(ジョル)	建国記念日
12월25일	크리스마스(クリスマス)	クリスマス

＊使ってみよう＊

CD 72

＊ 月を言う

ク　コンヨニ　オンジェ　シジャクトェヨ
그 공연이 언제 시작돼요?　その公演はいつ始まりますか？

イウォル　ブトエヨ
〈2월〉부터예요　{2月} からです。

＊ 曜日を言う　에が必要です。

ク　コンソトゥヌン　オンジェ　イッソヨ
그 콘서트는 언제 있어요?　そのコンサートはいつありますか？

クミョイ　レ　イッソヨ
〈금요일〉에 있어요.　{金曜日} にあります。

メジュ　トヨイ　レヌン　ヨガルル　ヘヨ
매주 〈토요일〉에는 요가를 해요.
毎週 {土曜日} はヨガをします。

ウォリョイル　エヌン　シムニダ
〈월요일〉에는 쉽니다.　{月曜日} は休みます。

＊ 日にちを言う　에は必要ありません。

ネイル　ノリコンウォネ　カヨ
〈내일〉놀이공원에 가요.　{明日} 遊園地に行きます。

モレ　イルボヌロ　トラガヨ
〈모레〉일본으로 돌아가요.　{あさって} 日本へ帰ります。

単語帳

月の言い方

1月	2月	3月	4月	5月	6月
イルォル 일월	イーウォル 이 월	サムォル 삼월	サーウォル 사 월	オーウォル 오 월	ユウォル 유월
7月	**8月**	**9月**	**10月**	**11月**	**12月**
チルォル 칠월	パルォル 팔월	クウォル 구월	シーウォル 시 월	シビルォル 십일월	シビーウォル 십이월

季節の言い方

春 **봄**（ポム）　夏 **여름**（ヨルム）　秋 **가을**（カウル）　冬 **겨울**（キョウル）

曜日の言い方

月曜日	火曜日	水曜日	木曜日	金曜日	土曜日	日曜日
ウォリョイル 월요일	ファヨイル 화요일	スヨイル 수요일	モギョイル 목요일	クミョイル 금요일	トヨイル 토요일	イリョイル 일요일

日にちの言い方

おととい	昨日	今日	明日	あさって
クジョッケ 그저께	オジェ 어제	オヌル 오늘	ネイル 내일	モレ 모레

先週・先月	今週・今月	来週・来月
チナンチュ チナンダル 지난주/지난달	イボン チュ イボン タル 이번 주/이번 달	タウム チュ タウム タル 다음 주/ 다음 달

昨年	今年	来年
チャンニョン 작년	オレ 올해	ネニョン 내년

日数は次のような数え方もある。「〜日」「〜日間」という意味にもなる。

ついたち	ふつか	みっか	よっか	いつか
ハル 하루	イトゥル 이틀	サフル 사흘	ナフル 나흘	タッセ 닷새
むいか	**なのか**	**ようか**	**ここのか**	**とおか**
ヨッセ 엿새	イレ 이레	ヨドゥレ 여드레	アフレ 아흐레	ヨルル 열흘

表現 27

聞き返す

CD 73

タシ ハンボン マルスメ ジュセヨ
다시 한번 말씀해 주세요.
もう一度、お願いします。

1 タシ ハンボン マルッスメ ジュセヨ
다시 한번 말씀해 주세요.
もう一度、お願いします。

2 ムォラゴヨ
뭐라고요？ なんですって？

3 チョンマリエヨ
정말이에요？ 本当ですか？

4 コンガンエヌン テクォンドガ チョッタゴヨ
건강에는 태권도가 좋다고요？
健康にはテコンドーがいいですって？

5 オンジェ トラガニャゴヨ
언제 돌아가냐고요？ いつ帰るのかですって？

基本をマスター

❶ 다시 한번 말씀해 주세요.　もう一度、お願いします。

「다시　また」「한번　一度」です。さらに、「말씀하시다　おっしゃる」に「아/어 주세요. ～してください（p.126）」がついています。

❷ 뭐라고요？　なんですって？

言い方によってはかなりきつく聞こえる表現ですので、注意が必要です。

「何を言っていますか？」というニュアンスで、いかにもわからなくて困っているという表情たっぷりに聞き返してみましょう。

❸ 정말이에요？　本当ですか？

日本語の「ウッソ～！」にあたる表現はありません。信じられないことを聞いたときにはこのように「本当ですか？」と聞き返します。

❹ 건강에는 태권도가 좋다고요？　健康にはテコンドーがいいですって？

形容詞・存在詞＋다고요?、動詞＋ㄴ/는다고요？で「～です／ますって？」と、相手の言うことをオウム返しに聞き直す表現になります。確認をしたいときに使いましょう。

❺ 언제 돌아가냐고요？　いつ帰るのかですって？

形容詞＋（으）냐고요?、動詞・存在詞＋냐고요?で「～のかという質問ですか？」と、相手の質問をもう一度繰り返す表現になります。

ちょっとだけ

文法

尊敬のハムニダ（합니다）体「～シムニダ」

尊敬のヘヨ体はP.126～127で紹介しましたが、より丁寧でかしこまったハムニダ体では「－(**으**)**십니다** お～なさいます」となります。身内であっても、目上の人については尊敬語で表します。

語幹末にパッチムがない場合は、**십니다**、ある場合には**으십니다**がつきますが、**ㄹ**(リウル)パッチムが語幹末の場合には、**십니다**がついて、**ㄹ**が脱落します。

ウリ　オモニヌン　ハングゴルル　カルチ シムニダ
우리 어머니는 한국어를 가르치십니다.
うちの母は韓国語を教えていらっしゃいます。

ハラボジガ　ウィジャエ　アンジュシムニダ
할아버지가 의자에 앉으십니다.　おじいさんがイスにおかけになります。

プモニムン　オディエ　サ シムニカ
부모님은 어디에 사십니까?（**살다**　住む）
ご両親はどちらにお住まいですか？

丁寧な命令を表す「お～してください」はヘヨ体では（**으**）**세요**, ハムニダ体では（**으**）**십시오.** になります。

〈ヘヨ体〉　〈ハムニダ体〉

アンニョンヒ カ セヨ　アンニョンヒ カ シプシヨ
안녕히 가세요.　**안녕히 가십시오.**　さようなら（お元気で行ってください）。

チャムカンマン キダリョ ジュ セヨ　チャムカンマン キダリョ ジュ シプシオ
잠깐만 가다려 주세요.　**잠깐만 기다려 주십시오.**　しばらくお待ちください。

CD 74

＊使ってみよう＊

＊ 目上の人のことを言う

　アボニム　ン ムォル　ハシムニッカ
A 〈아버님〉은 뭘 하십니까?

{お父さま} は何をしていらっしゃいますか？

　アボジ　ヌン　フェサ　エソ　イラシムニダ
B 〈아버지〉는 〈회사〉에서 일하십니다.

{父} は {会社} で働いています。（直訳・働いていらっしゃいます。）

単語帳

役職・職場

ソンセンニム 선생님　先生	キョスニム 교수님　教授	
サジャンニム 사장님　社長	プジャンニム 부장님　部長	クヮジャンニム 과장님　課長
フェサ 회사　会社	ハッキョ 학교　学校	テハク 대학　大学

目上の人の呼び方

アボニム 아버님　お父様	オモニム 어머님　お母様	サモニム 사모님　奥様
ハラボニム 할아버님　おじい様	ハルモニム 할머님　おばあ様	

＊ 特別な敬語表現

トゥシダ 드시다　召し上がる	トゥシムニダ 드십니다　お召し上がりになります
チュムシダ 주무시다　お休みになる	チュムシムニダ 주무십니다　お休みになります
マルッスマシダ 말씀하시다　お話しになる	マルッスマシムニダ 말씀하십니다　お話しになります
ケシダ 계시다　いらっしゃる	ケシムニダ 계십니다　いらっしゃいます

表現
28 あいづち

CD 75

クロネヨ
그러네요.
そうですね。

❶ クロネヨ
그러네요.　そうですね。

❷ マジャヨ
맞아요.　そのとおりです。

❸ クルッセヨ
글쎄요.　そうですかね。

❹ クレヨ
그래요?　そうなんですか?

❺ ハギン クレヨ
하긴 그래요.　確かにおっしゃるとおりです。

❻ アルゲッスムニダ
알겠습니다.　わかりました。

基本をマスター

❶ 그러네요.　そうですね。

그렇다「そのようだ」に感動を表す「네요　ですね」がついた形です。接続するとㅎパッチムは落ちます。

❷ 맞아요.　そのとおりです。

「맞다　合っている」のヘヨ体です。語幹は맞で陽母音なので、아요がついています。会話では［마저요（マジョヨ）］とも発音されます。

❸ 글쎄요.　そうですかね。

相手の言ったことについて、同意できなかったり、はっきりと答えを言えないようなときに遠まわしにあいづちを打つ表現です。「さて、どうでしょうか」というようなニュアンスになります。

❹ 그래요？　そうなんですか？

相手の言うことを確認するときに使います。그래요. と語尾を上げずに言うと「そうです」という意味になります。

❺ 하긴 그래요.　確かにおっしゃるとおりです。

하긴 は「おっしゃることは」。그래요がついて「その通りです」という意味です。

❻ 알겠습니다.　わかりました。

「わかる、知る、知っている」という意味の알다に意志や推測を表す「겠습니다」がついて「わかりました」という丁寧な表現になります。わからないときは、「모르겠습니다（モルゲッスムニダ）　わかりません」と答えます。

ちょっとだけ

文法

接続詞

＊ 그리고　それから

オヌルン ショッピングハルコ エ ヨ　クリ ゴ　ナンタド ポル　コ エ ヨ
오늘은 쇼핑할 거예요. 그리고 난타도 볼 거예요.

今日はショッピングをするつもりです。それからナンタも見るつもりです。

＊ 하지만　だけど、でも

トンデムン シジャンエ　カ ゴ　シ ポ ヨ　ハ ジ マン　キルル　モルラヨ
동대문 시장에 가고 싶어요. 하지만 길을 몰라요.

東大門市場に行きたいです。でも道がわかりません。

＊ 그러면　それなら　　그럼　それじゃあ

キョンボックンエ カ ゴ　シ ポ ヨ　クロミョン　サモソヌル　タ セ ヨ
경복궁에 가고 싶어요? 그러면 3호선을 타세요.

景福宮に行きたいですか？　それなら３号線に乗ってください。

クロム　モンジョ　カ セ ヨ
그럼, 먼저 가세요.　それじゃあ、先に行ってください。

＊ 그래서　それで

ハングク　ヨクサエ　クァンシミ　イッソヨ　クレ ソ　スウォネ　ワッソヨ
한국 역사에 관심이 있어요. 그래서 수원에 왔어요.

韓国の歴史に関心があります。それで水原にきました。

＊ 그런데　ところが、ところで

イル ボ ネ ソ　イェヤケッソヨ　クロンデ　チェ　イル ミ　オプソヨ
일본에서 예약했어요. 그런데 제 이름이 없어요.

日本で予約しました。ところが私の名前がありません。

ヨ ギ ガ　ミョンセジョミエヨ　クロンデ　オ ヌ　メイコルル　チャジュセヨ
여기가 면세점이에요. 그런데 어느 메이커를 찾으세요?

ここが免税店です。ところで、どのブランドをお探しですか？

＊ 그러니까　だから

ネイルン　ピガ　オル　コエヨ　クロニカ　ウサンヌル　カジョ　ガセヨ
내일은 비가 올 거예요. 그러니까 우산을 가져 가세요.
明日は雨が降るでしょう。だから傘を持って行ってください。

表現を増やそう

CD 76

ジェスチャーで表現

クルッセヨ
글쎄요
そうですねえ。

チョドヨ
저도요
私もです。

ケンチャナヨ
괜찮아요
大丈夫です。

ウェヨ
왜요?
どうしてですか？

クレソ
그래서?
それで？

チョンマルリョ
정말요?
本当ですか？

チョッケッタ
좋겠다
いいなあ。

クロンデ
그런데
ところで……。

モルゲッソヨ
모르겠어요
わかりません。

表現
29 困ったとき

オットケ　ハジョ
어떻게 하죠？
どうしましょう？

オットケ　ハジョ
1. **어떻게 하죠？** どうしましょう？

チョム　トワ　ジュセヨ
2. **좀 도와 주세요.** ちょっと手伝ってください。

サルリョ　ジュセヨ
3. **살려 주세요.** 助けてください。

ヨックウォヌル　イロボリョッソヨ
4. **여권을 잃어버렸어요.**
パスポートをなくしました。

チョンチョル アネ　ノコ　ワッソヨ
5. **전철 안에 놓고 왔어요.**
電車の中に置いてきました。

基本をマスター

❶ 어떻게 하죠？　どうしましょう？

どうしたらいいでしょうか、というニュアンスです。

うれしくてどうしたらいいかわからないようなときにも使えます。「〜죠?」は「〜でしょう？　ですよね？」と、相手に同意を求めたり、説得するようなニュアンスがあります。

❷ 좀 도와 주세요.　ちょっと手伝ってください。

돕다 は手伝う、つまり手を貸してほしいときなどに使います。困っている人を見つけたときには「뭐(ムォ) 도와(トワ) 드릴까요?(ドゥリルッカヨ)　何かお手伝いしましょうか」と言ってあげましょう。

❸ 살려 주세요.　助けてください。

身の危険を感じたときなどに、救助を求める表現です。テンションを上げて叫んでください。사람(サラム) 살려요.(サルリョヨ)　とも言います。

❹ 여권을 잃어버렸어요.　パスポートをなくしました。

잃어버리다(イロ ボリダ)は「失う、なくす」という意味です。似たような表現に 잊어버리다(イジョ ボリダ) がありますが、こちらは「忘れる」で、ちょっと意味が違います。

❺ 전철 안에 놓고 왔어요.　電車の中に置いてきました。

「놓다(ノタ) 置く＋왔어요(ワッソヨ) きました＝置いてきました」。宿題などを家に忘れたときも「집에(チベ) 놓고(ノッコ) 왔어요.(ワッソヨ)　家に置いてきました」と表現できます。

表現を増やそう

CD 78

手助けを求める表現

A 좀 도와 주시겠어요?（チョム トワ ジュシゲッソヨ） ちょっと手伝っていただけませんか？

B 네, 좋아요.（ネ チョアヨ） いいですよ。

✱使ってみよう✱

CD 79

✱ 身体に関するトラブル

A 어디가 아프세요?（オディガ アプセヨ） どこが痛いんですか？

B 〈배〉가/이 아파요.（ペ ガ イ アッパヨ） {おなか} が痛いんです。

単語帳

身体

単語帳

身体

- 얼굴（オルグル） 顔
- 코（コ） 鼻
- 혀（ヒョ） 舌
- 눈（ヌン） 目
- 귀（クィ） 耳
- 이（イ） 歯
- 입（イプ） 口

✱使ってみよう✱

CD 80

＊ ホテルでのトラブル

A 무슨 일이세요?（ムスン ニリセヨ） どうされましたか？

B 〈티브이〉 가/이 고장났나 봐요.（ティブイ ＊ガ イ コジャンナンナ バヨ） {テレビ}が故障したみたいです。

単語帳

ホテルの設備

＊パッチムなし		＊パッチムあり	
수도（スド）	水道	에어컨（エオコン）	エアコン
샤워（シャウォ）	シャワー	리모콘（リモコン）	リモコン

表現
30 励ましの言葉

CD 81

ファイティン
화이팅！
ファイト！

1. ファイティン
   화이팅！ ファイト！

2. ヒム　ネ セ ヨ
   힘 내세요. 元気出してください。

3. イ ギョ ラ
   이겨라！ 勝て！

4. シ ホム チャル　ボ セ ヨ
   시험 잘 보세요. 試験がんばってください。

5. チャル ハシル　ス　イッスル　コ エ ヨ
   잘 하실 수 있을 거예요. うまくやれるはずです。

基本をマスター

❶ 화이팅！　ファイト！

ガッツポーズをしながら「ファイト」と叫ぶのは日本語でも同じですね。「파이팅!」とも書きます。

❷ 힘 내세요.　元気出してください。

直訳すると「力を出してください」。元気のない人を励ますようなときに使えます。.

ぞんざいな命令形「힘내라!(ヒムネラ)」だと、競技の応援で「がんばれ！」と言うときに使われる表現になります。

❸ 이겨라！　勝て！

「이기다(イギダ)　勝つ」にぞんざいな命令形「－아/어라(ア　オラ)　～しろ」がついた形です。

❹ 시험 잘 보세요.　試験がんばってください。

直訳すると「試験よく見てください」転じて「試験がんばってください」という意味になります。試験がよくできたときには 시험(シホム) 잘(チャル) 봤어요(ブァッソヨ). できなかったときには 시험(シホム) 잘(チャル) 못(モッ) 봤어요(ブァッソヨ). と言います。

❺ 잘 하실 수 있을 거예요.　うまくやれるはずです。

尊敬の시がついた可能表現「－하실(ハシル) 수(ス) 있어요(イッソヨ)　～おできになります」に推測の「－ㄹ/을 거예요(コエヨ).　～するでしょう」がついた表現です。

ちょっとだけ
文法

変則活用（2）

ㄹ 変則（ㄹ語幹）

語幹末にㄹパッチムがあるものはすべて同じ活用をします。

次にㅅㅂ오ㄹㄴがくると、ㄹは落ちます。

キム チ ルル パム ニ ダ
김치를 팝니다. キムチを売っています（**팔다**（パル ダ） 売る＋**ㅂ니다**（ム ニ ダ） ます）

キムパブ ル マンドゥルコ エ ヨ
김밥을 만들 거예요. のりまきをつくるつもりです。

（**만들다**（マンドゥルダ） つくる＋**ㄹ 거예요**（ル コ エ ヨ） つもりです）

程度を表す副詞

とても、たいへんなど、表現を強調するのに副詞はとても便利です。韓国語では、形容詞には何か副詞をつけていっしょに使ったほうが自然に聞こえます。

たくさん	ちょっと	本当に	本当に
많이（マアニ）	좀（チョム）	참（チャム）	정말（チョンマル）
とても	とても	もっとも	全く～ない
아주（アジュ）	너무（ノ ム）	제일（チェイル）	전혀 안（チョニョ アン）

例文

マアニ パッパヨ
많이 바빠요. とても忙しいです。

チョンマル イェッポヨ
정말 예뻐요 本当にかわいいです（きれいです）。

ノ ム ヘンボケヨ
너무 행복해요. とても幸せです。

【ポイント】副詞は用言の直前に使うと韓国語らしくなります。

ファジャンプムル マアニ サッソヨ
화장품을 많이 샀어요. 化粧品をたくさん買いました。

表現を増やそう

CD 82

ほめ言葉

モッチネヨ
맛지네요！ すてきですね！

マシンネヨ
맛있네요！ おいしいですね！

イェップネヨ
예쁘네요！ きれいですね！

チュカヘヨ
축하해요！ おめでとうございます！

チョウン　ハル　トェセヨ
좋은 하루 되세요！ よい１日を！

column

人と人の距離が近い韓国人

韓国人は、日本人よりも「人と人の距離が近い」感覚です。家族ぐるみが多いなど、親密な付き合いをすることが多く、話をする際の物理的距離も、日本人のそれよりも近い傾向があります。

また、身体の触れ合いも多く、女性同士でも手をつないだり、道を歩いていて車が来たときなど、男性が男性の手を引いたりすることはよくあります。

最初は驚くかもしれませんが、街で道を聞けばその場所まで連れて行ってくれたりと、韓国人はとても親切な人たちですので、積極的にコミュニケーションをとってみましょう！

第 5 章

すぐに使える！場面別会話

空港で

ホテルで

レストランで

買い物

道をたずねる

観光

意見を言う

説明する

✦ 공항에서 空港で

A: 釜山行きの便はありますか？
B: はい、午後1時にあります。
A: よかった、エコノミークラスの席を2つお願いします。

A: 부산행 비행기는 있어요?
B: 네, 오후 1시에 있습니다.
A: 잘 됐네요. 이코노미 석을 2개 부탁합니다.

（P.104 表現18）

A: チェックインしたいのですが。
B: お荷物は何個ですか？
A: 1個だけです。

A: 체크인 하고 싶은데요.
B: 짐은 몇 개 있으세요?
A: 한 개뿐이에요.

（P.68 表現11）

A：日本円をウォンに両替したいのですが。
B：パスポートを見せてください。

A： 일본돈을 원으로 바꾸고 싶은데요.
B： 여권 좀 보여 주십시오.

（P.68 表現11）

A：私のスーツケースが見つからないのですが。
B：何便の飛行機でいらっしゃいましたか？

A： 제 여행 가방을 못 찾았는데요.
B： 몇 편 비행기로 오셨어요?

（P.150 表現29）

호텔에서 ホテルで

A:「森田」で予約してあるのですが。チェックインをお願いします。
B: 身分証明書を見せてください。

A: **모리타로 예약했는데요. 체크인 부탁합니다.**
B: **신분증 좀 보여 주십시오.**

(P.68 表現 11)

A: 今晩、空いている部屋はありますか？
B: 風呂付きツインの部屋なら1つありますが。

A: **오늘 밤 빈방이 있어요?**
B: **욕실이 딸린 트윈 룸이라면 하나 있는데요.**

(P.104 表現 18)

A: すみません。私のスーツケースを部屋に運んでいただけますか？
B: はい、少々お待ちください。

A: 저기요. 제 여행가방을 방으로 옮겨 주시겠어요?
B: 네, 잠깐만 기다려 주십시오.

（P.124 表現23）

B: 午前11時です。
A: チェックアウトは何時ですか？

A: 체크아웃이 몇 시까지예요?
B: 오전 11시요.

（P.132 表現25）

◆ 식당에서　レストランで

A：これはどんな料理ですか？
B：魚料理です。とてもおいしいですよ。

A: 이게 무슨 요리예요?
B: 생선요리예요. 아주 맛있어요.

(P.94 表現16)

A：お勘定をお願いします。カードでも支払えますか？
B：もちろんです！／できます。

A: 계산 좀 부탁합니다. 카드도 돼요?
B: 물론입니다. / 됩니다.

(P.56 表現9)

✦ 쇼핑 買い物 ✦

CD 86

A：このシャツは
いくらですか？
B：10万ウォンです。
着てみてください。
試着しても
いいですか？

イ ショチュ オルマエヨ イボ ブァド トェヨ
A：이 셔츠 얼마예요 ? 입어 봐도 돼요 ?
(P.56 表現 9、P.116 表現 21)

シムマン ウォニムニダ イボ ボセヨ
B：십만 원입니다. 입어 보세요.

A：いかがですか？
お気に召しましたか？
B：はい。これを
いただきます。

オッテヨ マウメ トゥロヨ
A：어때요 ? 마음에 들어요 ?
(P.56 表現 9)

ネ イゴルロ ジュセヨ
B：네. 이걸로 주세요.

◆ 길 문의 道をたずねる ◆ CD 87

A: すみません、トイレはどこですか？
B: 廊下を突き当たって、右手です。

A: 말씀 좀 묻겠는데요, 화장실이 어디예요？
B: 복도를 끝까지 가면 오른쪽에 있어요.

(P.98 表現 17)

B: 2つ目の通りを左に曲がって、まっすぐです。
A: 劇場にはどう行くのですか？

A: 극장에는 어떻게 가야 돼요？
B: 두번째 거리를 왼쪽으로 돌아서 쭉 가세요.

(P.112 表現 20)

A: 이 케이티엑스는 어디 가는 거예요 ?　　(P.98 表現 17)
B: 서울에 가요. 곧 출발할 겁니다.

A: 이 근처에 버스 정류장이 있어요 ?　　(P.104 表現 18)
B: 저 모퉁이를 돌아서 가면 있어요.

관광 観光

A：今日はやっていますか？
B：ええ、午後6時までは開いています。ですが、明日は休みです。月曜日ですから。

A: 오늘은 해요?
B: 네. 오후 6시까지 합니다. 하지만 내일은 쉬어요. 월요일이거든요.

(P.138 表現26)

A：大人2枚と子ども1枚ください。
B：お子さんは何歳ですか？
A：6歳です。

A: 어른 2장하고 어린이 1장 주세요.
B: 아이는 몇 살이에요?
A: 여섯 살이에요.

(P.56 表現9、P.60 表現10)

A：景福宮までどのくらい時間がかかりますか？
B：歩いて5分ほどです。すぐそこですよ。

A：**경복궁까지 얼마나 걸려요?**
B：**걸어서 5분 정도예요. 아주 가까워요.**

（P.116 表現21）

A：ここで写真を撮ってもいいですか。
B：はい。でもフラッシュはいけません。

A：**여기서 사진을 찍어도 돼요?**
B：**네. 하지만 플래쉬는 안 됩니다.**

（P.128 表現24）

✦ 의견 말하기 意見を言う ✦

A：あの小説をどう思いますか？
B：とてもおもしろかったですよ。

A: 그 소설이 어땠어요?
B: 아주 재미있었어요.

(P.40 表現 5)

A：今晩、映画を見に行かない？
B：いい考えね！行こう。

A: 오늘 밤에 영화 보러 안 갈래?
B: 좋은 생각이네. 가자.

(P.124 表現 23)

◆ 설명하기　説明する ◆

A：そろそろ行かなくちゃ。
B：どうしてですか？
A：友だちが家に遊びに来るんですよ。

A: 슬슬 가봐야겠어요.
B: 왜요?
A: 친구가 집에 놀러 오거든요.

（P.84 表現14）

A：見てください。こうやってすればいいんですよ。わかりましたか？
B：いいえ、わかりません。

A: 보세요. 이렇게 하면 돼요. 알겠습니까?
B: 아뇨, 모르겠습니다.

（P.146 表現28）

単語のさくいん

文法のさくいん

著者紹介

阪堂千津子（はんどう・ちづこ）

NHKテレビ『テレビでハングル講座』講師
立教大学卒、韓国西江大学大学院修士課程修了（社会学専攻）。
東京外国語大学、武蔵大学、国際基督教大学非常勤講師。
コリ文語学堂、東京外国語大学オープンアカデミー、ひろば語学院、桜美林エクステンションセンター講師。
市民講座や語学学校などで韓国語を教える講師のためのネットワーク「ハンガンネット」呼びかけ人。
NHKラジオでは『まいにちハングル講座』（2014年）、『レベルアップハングル講座』（2010年、2015年、2017年）の講師を務め、その明るくノリがよい教え方が「楽しくわかりやすい」と評判になった。
2018年4月からはNHKテレビ『テレビでハングル講座』の講師も務めた。
『ゼロから1人で韓国語』（あさ出版）など、著書多数。

編集協力：尹貞源（Yun Jeong-Won）
：鄭銀星（Chong Eun-Seong）

写真提供：本木沙耶香

안녕하십니까? からはじめる
韓国語（かんこくご）がおどろくほど身（み）につく本（ほん）【CD付（つ）き】　〈検印省略〉

2012年 4 月 29 日 第 1 刷発行
2021年 7 月 15 日 第 3 刷発行

著　者——阪堂 千津子（はんどう・ちづこ）
発行者——佐藤 和夫

発行所——株式会社あさ出版
〒171-0022 東京都豊島区南池袋 2-9-9 第一池袋ホワイトビル 6F
電　話　03（3983）3225（販売）
　　　　03（3983）3227（編集）
F A X　03（3983）3226
U R L　http://www.asa21.com/
E-mail　info@asa21.com

印刷・製本（株）シナノ

note　http://note.com/asapublishing/
facebook　http://www.facebook.com/asapublishing
twitter　http://twitter.com/asapublishing

ISBN978-4-86063-522-0 C0087